www.ingramcontent.com/pod-product-compliance
Lightning Source LLC
Chambersburg PA
CBHW041351050726
47599CB00016B/1851

سلسلة تنمية المهارات اللغوية للمبتدئين

المستوى الاول متوسط

الجزء الثاني

تأليف: الدكتور فخري طمليه

الأشراف الفني: خلود خصاونة

يسعدنا تواصلكم معنا على الايميل

tanween2022@gmail.com

قائمة المحتويات

الدَّرْسُ الْأَوَّلُ   فَصْلُ الشِّتاءِ   تَنْوِينُ الْفَتْحِ

تَنْوِينُ الْفَتْحِ

١ أَقْرَأُ الْجُمَلَ التَّالِيَةَ:

صَنَعَ رامي رَجُلًا ثَلْجِيًّا

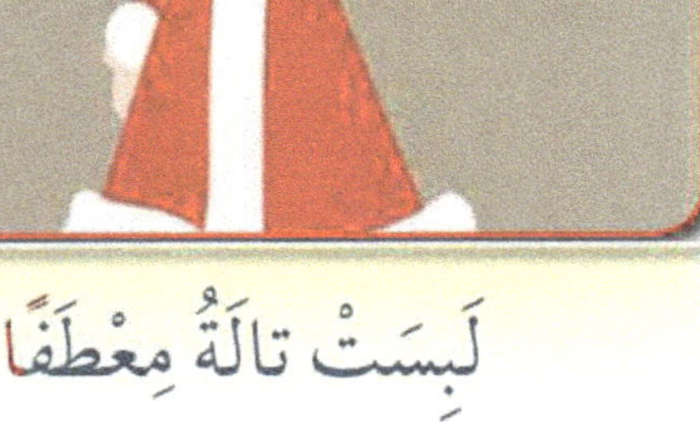

لَبِسَتْ تالَةُ مِعْطَفًا

رَسَمَتْ تالَةُ ثَلْجًا

أَلْبِسُ قُبَّعَةً صوفِيَّةً

فَصْلُ الشِّتاءِ

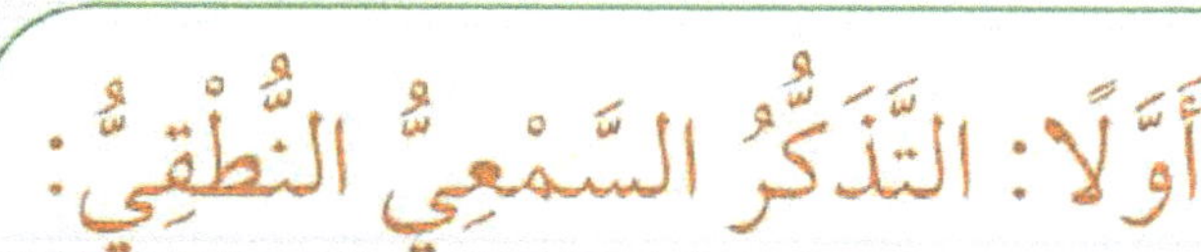

أَوَّلًا: التَّذَكُّرُ السَّمْعِيُّ النُّطْقِيُّ:

١ أُصْغِي إِلَى الكَلِماتِ الَّتِي يَلْفِظُها الْمُعَلِّمُ وَأُصَفِّقُ عِنْدَ سَماعِيَ صَوْتَ تَنْوِينِ الْفَتْحِ:

ثَلْجِيَّةً	فاتِن	ثَلْجٌ	مِعْطَفًا	شَتَوِيَّةً	قُبَّعَةٌ	كُرَةٌ

٢ أَقْرَأُ جُمَلًا جَديدَةً وَأُكافِئُ نَفْسِي وَأَرْسُمُ وَجْهًا باسِمًا فِي الدَّائِرَةِ:

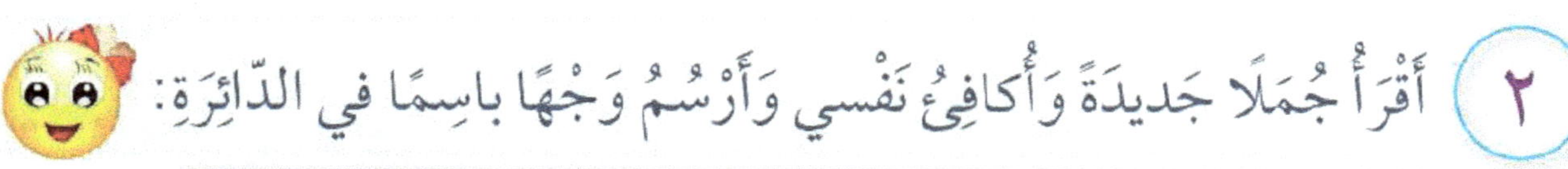

أَكَلْتُ تُفّاحَةً.   شَرِبْتُ عَصيرًا.

٣ يَسْأَلُ الْمُعَلِّمُ عَنْ شَيْءٍ يُحِبُّ الأَطْفالُ أَنْ يَأْكُلوهُ أَوْ يَشْرَبوهُ:

ماذا أَكَلْتَ؟   ماذا شَرِبْتَ؟

ثانِيًا: التَّذَكُّرُ الْبَصَرِيُّ:

١ أَرْسُمُ دائِرَةً حَوْلَ الكَلِماتِ الَّتِي تَحْوي تَنْوينَ الْفَتْحِ:

دَفْتَرٌ	بَيْتًا	مُفيدٌ	مَلْعَبًا	بِنْتًا

٢ أُضيفُ تَنْوينَ الْفَتْحِ إِلى الْكَلِماتِ الْآتِيَةِ، ثُمَّ أَقْرَؤُها:

مَعْ تَنْوينِ الْفَتْحِ (اً،ً)	الْكَلِمَةُ	مَعْ تَنْوينِ الْفَتْحِ (اً،ً)	الْكَلِمَةُ
ـــــــــــ	شارِعٌ	ـــــــــــ	ثَلْجٌ
ـــــــــــ	كُرَةٌ	ـــــــــــ	وَلَدٌ
ـــــــــــ	بَيْتٌ	ـــــــــــ	مَدْرَسَةٌ

٣ أَقْرَأُ، ثُمَّ أُضيفُ تَنْوينَ الْفَتْحِ إِلى الْكَلِماتِ الَّتي تَحْتَها خَطٌّ في العَمودِ (أ)، وتَنْوينَ الضَّمِّ إِلى الْكَلِماتِ الَّتي تَحْتَها خَطّانِ في العَمودِ (ب):

(ب)		(أ)	
جَبَل مرتفع	ـــــــــــ	بَنى عُمَرُ بَيْت.	ـــــــــــ
رَسم مُمَيَّز	ـــــــــــ	رَسَمْتُ عَلَم مُلَوَّن.	ـــــــــــ
زَيْت وَزَيْتون		رَسَمَ سامِرٌ مَدْرَسَة.	ـــــــــــ

ثالِثًا: أَقْرَأُ بَعيدًا عَنِ الصّورَةِ:

❀ صَنَعَ رامي رَجُلًا ثَلْجِيًّا   ❀ أَلْبِسُ قُبَّعَةً صوفِيَّةً

❀ لَبِسَتْ تالَةُ مِعْطَفًا   ❀ رَسَمَتْ تالَةُ ثَلْجًا

الدَّرْسُ الثّاني نُحِبُّ أَنْ نَرْسُمَ

حَرْفُ الجيمِ

١ أَقْرَأُ الْجُمَلَ التّالِيَةَ:

جاسِمٌ يَرْسُمُ جَمَلًا

نَجْوى تَرْسُمُ بُرْجًا

جُمانَةُ تَرْسُمُ جِسْمَ حَيَوانٍ

ماجِدٌ يَرْسُمُ مَسْجِدًا

تَرْسُمُ جَميلَةُ نَجْمَةً

نُحِبُّ أَنْ نَرْسُمَ حَرْفُ الجيم

أَوَّلًا : التَّذَكُّرُ السَّمْعِيُّ النُّطْقِيُّ :

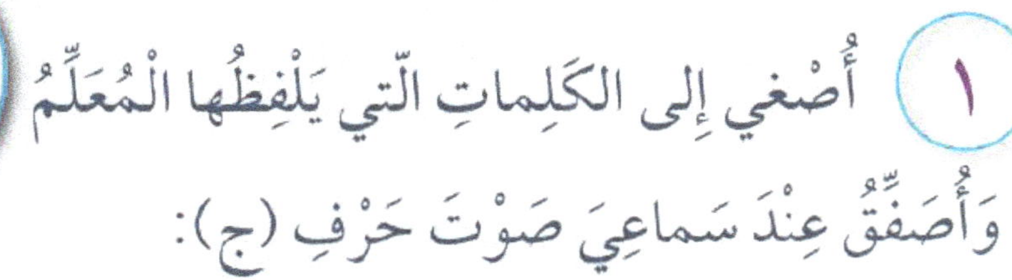

١ أُصْغي إِلى الكَلِماتِ الّتي يَلْفِظُها الْمُعَلِّمُ وَأُصَفِّقُ عِنْدَ سَماعِي صَوْتَ حَرْفِ (ج) :

| جُمانَةٌ | حَيوانٌ | جَميلَةٌ | بُرْجًا | ماجِدٌ | يَرْسُمُ | جاسِمٌ |

٢ أَقْرَأُ كَلِماتٍ جَديدَةً وَأُكافِئُ نَفْسِي وَأَرْسُمُ وَجْهًا باسِمًا في الدّائِرَةِ :

| مَسْجِدٌ | جَزَرٌ | جِسْمٌ | بُرْجًا | جَبَلًا | جَمَلًا |

ثانِيًا : التَّذَكُّرُ الْبَصَرِيُّ :

١ أَقْرَأُ ثُمَّ أَرْسُمُ خَطًّا أَسْفَلَ الْكَلِماتِ الّتي تَحْوي حَرْفَ (ج) وَخَطَّيْنِ أَسْفَلَ الْكَلِماتِ الّتي تَحْوي الْحَرْفَ (ح).

| حَلالٌ | جَلالٌ | حامِدٌ | جامِدٌ | جيرانٌ | حَيرانٌ |

 أَحْذِفُ حَرْفَ الْجيمِ مِنَ الْكَلِمَةِ، وَأَكْتُبُ الْكَلِمَةَ النّاتِجَةَ في الْفَراغِ

جَفنٌ

- - - - - - -

جِدارٌ

- - - - - - -

جُبنٌ

- - - - - - -

ثالِثًا: التَّذَكُّرُ الْعَضَلِيُّ :

١ أَكْتُبُ شَكْلَ حَرْفِ (ج) مَعَ الْحَرَكَةِ الْمُناسِبَةِ في الْفَراغِ، ثُمَّ أَقْرَأُ:

هذِهِ حَديقَةٌ ...ميلَةٌ.   ...دّي رَ...لُ شُـ...اعٌ

ما...دُ وَسيمٌ.   هذا الْبُرْ... مُرْتَفِعٌ.

٢ أَكْتُبُ الْكَلِمَةَ الْمُناسِبَةَ في الْفَراغِ مُسْتَعينًا بِالصّورَةِ

أَنا أُحِبُّ .... وَ ....

7

 أَكْتُبُ في الْفَراغِ الْكَلِمَةَ الدَّالَّةَ عَلى الصُّورَةِ كَما في الْمِثالِ:

| | | | | ـجِسْرُ |

٤ أَكْتُبُ كَلِمَةً:

في آخِرِها حَرْفُ الْجيمِ	في وَسَطِها حَرْفُ الْجيمِ	تَبْدَأُ بِحَرْفِ الْجيمِ
ــــــــــــ	ــــــــــــ	ــــــــــــ

رابِعًا: التَّهْجِئَةُ:

رامي في مَدينَةِ التَّهْجِئَةِ، ذَهَبَ إِلى بِلادِ الْحَرْفِ (ج).
وَاسْتَطاعَ أَنْ يَقْرَأَ وَيَكْتُبَ الْكَثيرَ مِنَ الْكَلِماتِ الَّتي تَحْتَوي
حَرْفَ (ج)، لِنُسافِرْ مَعَ رامي، وَنَحِلَّ مَعَهُ التَّمارينَ الْآتِيَةَ:

٣ أَخْتَارُ الْمَقْطَعَ الْمُنَاسِبَ، وَأَضَعُهُ في الْفَرَاغِ.

| جا | جو | جي |
| جَ | جُ | جِ |

| مَسْـ......دٌ | ......مَلٌ | ......مانَةٌ |
| ......بِرٌ | ......عٌ | ......رانٌ |

١ أَقْرَأُ الْكَلِمَةَ الْآتِيَةَ، وَأَضَعُها في جُمْلَةٍ مُفيدَةٍ:

جَلَسَ:

٢ أَمامي جُمَلٌ فيها كَلِماتٌ مُتَشابِهَةٌ في الشَّكْلِ، تُفَرِّقُها النُّقْطَةُ، أَرْسُمُ دائِرَةً حَوْلَ الْكَلِمَةِ الَّتي تُفيدُ الْمَعْنى الصَّحيحَ:

زُرْتُ مَدينَةَ	(حَرَش، جَرَش)
سَمِعْتُ صَوْتَ	(الْحَرَسِ، الْجَرَسِ)
الثَّلْجُ فَوْقَ	(الْجَبَلِ، الْحَبْلِ)

الدَّرْسُ الثَّالِثُ   في حَديقَةِ الْحَيَوانِ   حَرْفُ الثَّاءِ

ث ثُ ثْ

١ أَقْرَأُ مُسْتَعينًا بِالصّورَةِ :

ثامِرٌ وَبُثَيْنَةُ أَمامَ بَيْتِ الثَّعْلَبِ

مَعَ الثَّعْلَبِ ثَلاثَةُ ثَعالِبَ

قالَتْ بُثَيْنَةُ: عاجُ الْفيلِ ثَمينٌ

قالَ ثامِرٌ : الْفيلُ كَبيرٌ

قالَ ثامِرٌ : هذا جُحْرُ الثُّعْبانِ.

قالَتْ بُثَيْنَةُ : الثُّعْبانُ مُتْعَبٌ.

في حَديقَةِ الْحَيَوانِ

أَوَّلًا: التَّذَكُّرُ السَّمْعِيُّ النُّطْقِيُّ :

١) أُصْغِي إِلَى الْكَلِماتِ الَّتِي يَنْطِقُها الْمُعَلِّمُ وَأُصَفِّقُ عِنْدَ سَماعِيَ صَوْتَ الْحَرْفِ (ث).

ثَلاثَةٌ	بَيْتٌ	ثُعْبانٌ	فِيلٌ	بُثَيْنَةُ	عاجٌ	ثابِتٌ

٢) أَقْرَأُ كَلِماتٍ جَديدَةً وَأُكافِئُ نَفْسِي وَأَرْسُمُ وَجْهًا باسِمًا في الدَّائِرَةِ:

ثَوْبٌ	ثَلْجٌ	بُثَيْنَةُ	ثَمَرٌ	ثابِتٌ

ثانِيًا: التَّذَكُّرُ الْبَصَرِيُّ :

١) أَقْرَأُ ثُمَّ أَرْسُمُ خَطًّا أَسْفَلَ الْكَلِماتِ الَّتِي تَحْوِي حَرْفَ (ث) وَخَطَّيْنِ أَسْفَلَ الْكَلِماتِ الَّتِي تَحْوِي الْحَرْفَ (ت).

تَمْرٌ	ثَمَرٌ	تَعْبانٌ	ثُعْبانٌ	تامِرٌ	ثامِرٌ

٢) أَرْسُمُ دَائِرَةً حَوْلَ حَرْفِ الثَّاءِ:

ب ن ث ت ن ب ث تـ ثـ يـ ث

٣) أَقْرَأُ الْكَلِماتِ الْآتِيَةَ، وَأَرْسُمُ دَائِرَةً حَوْلَ الْكَلِمَةِ الَّتي تَحْوي حَرْفَ الثَّاءِ:

| نَباتٌ | بَناتٌ | ثَباتٌ | نَوْمٌ | ثَوْمٌ | يَوْمٌ |

ثالِثًا : التَّذَكُّر الْعَضَلِيّ :(الْكِتابَةُ):

١) أَقْرَأُ الْكَلِماتِ الْآتِيَةَ، ثُمَّ أُلَوِّنُ حَرْفَ الثَّاءِ بِاللَّوْنِ الَّذي أُحِبُّ .

عْلَبٌ   مُـلَّ   وْبٌ   وْرٌ   بَيْتٌ   لْجٌ

٢) أَمْلَأُ الْفَراغَ بِشَكْلِ حَرْفِ الثَّاءِ الْمُناسِبِ (ثـ ، ث)، ثُمَّ أَلْفِظُ كَما في المِثالِ:

| ثَوْرٌ | مُـ....ـَ...... | ....ـعْلَبٌ | ....وْبٌ | ....مارٌ |

رابِعًا: التَّهْجِئَةُ :

رامي في مَدينَةِ التَّهْجِئَةِ، ذَهَبَ إلى بِلادِ الْحَرْفِ (ث)، وَاسْتَطاعَ أَنْ يَقْرَأَ وَيَكْتُبَ الْكَثيرَ مِنَ الْكَلِماتِ الَّتي تَحْتَوي حَرْفَ (ث)، لِنُسافِرْ مَعْ رامي، وَنَحِلَّ مَعَهُ التَّمارينَ الْآتِيَةَ:

١ أُرَكِّبُ مِنَ الْمَقاطِعِ كَلِماتٍ، ثُمَّ أَقْرَأُ

ثَـ + جَا
____

ثَعْـ + لَـ + بًا
____

مُثْـ + مِـ + رَ + ةٌ
____

٢ أَخْتارُ الْمَقْطَعَ الْمُناسِبَ، وَأَضَعُهُ في الْفَراغِ.

ثَ	ثُ	ثِ

.....رَيا   ...مارٌ   ...مينٌ   كَـ...رُ

ثا	ثو	ثي

...بتٌ   يَـ.....رُ

٣ أُرَكِّبُ مِنَ الْمَقاطِعِ الْآتيَةِ كَلِماتٍ لَها مَعْنًى، ثُمَّ أَكْتُبُها في الْفَراغِ، ثُمَّ أَقْرَأُ:

ثَوْ	بُ	....
	رُ	....

ثا	لِـ	لِثُ	....
	ني		....

ثَـ	ميـ	نٌ	....
	ـقـيـ	لٌ	....

خامِسًا : مَهاراتُ الْقِراءَةِ و الْكِتابَةِ :

١ أُجيبُ عَنِ الْأَحاجي الْآتيَةِ:

- يَنْزِلُ في فَصْلِ الشِّتاءِ، لَوْنُهُ أَبْيَض جَميلٌ، ما هُوَ؟
- مَكانٌ يُحْفَظُ فيهِ الطَّعامُ مِنَ الْفَسادِ، ما هُوَ؟
- حَيوانٌ غَيْرُ أَليفٍ يَتَّصِفُ بِالخِداعِ والسَّطْوِ عَلى الدَّجاجِ والْأَرانِبِ، ما هُوَ؟
- رَقَمٌ في الرِّياضِيّاتِ يَسْبِقُ الْعَدَدَ (أَرْبَعَة) ، ما هُوَ؟

تنوين الكسر

الدَّرْسُ الأَوَّلُ   رامي في رِحْلَةٍ

١ أَقْرَأُ مُسْتَعِينًا بِالصُّورَةِ:

ذَهَبْتُ إِلى بُحَيْرَةٍ جَميلَةٍ .

شَرِبْتُ مِنْ دَلْوٍ

رَكِبْتُ عَلى فَرَسٍ سَريعَةٍ

مَشَيْتُ إِلى شَلَّالٍ جَميلٍ

يَزْدانُ الْجَبَلُ بِأَزْهارٍ مُتَنَوِّعَةٍ.

٢٨

رامي في رِحْلَةٍ

تَجْريدُ تَنْوين الْكَسْرِ

أَوَّلًا: التَّذَكُّرُ السَّمْعِيُّ، النُّطْقِيُّ:

١ أُصْغي إِلى الْكَلِماتِ الَّتي يَلْفِظُها الْمُعَلِّمُ وَأُصَفِّقُ عِنْدَ سَماعِيَ تَنْوينَ الْكَسْرِ :

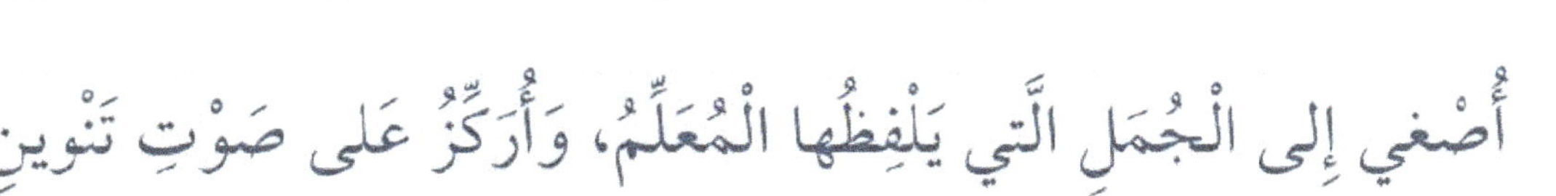

جَميلَةٍ   سَريعٍ   جَميلَةً   سَريعٌ   بُسْتانٌ   بُسْتانٍ

٢ أُصْغي إِلى الْجُمَلِ الَّتي يَلْفِظُها الْمُعَلِّمُ، وَأُرَكِّزُ عَلى صَوْتِ تَنْوينِ الْكَسْرِ :

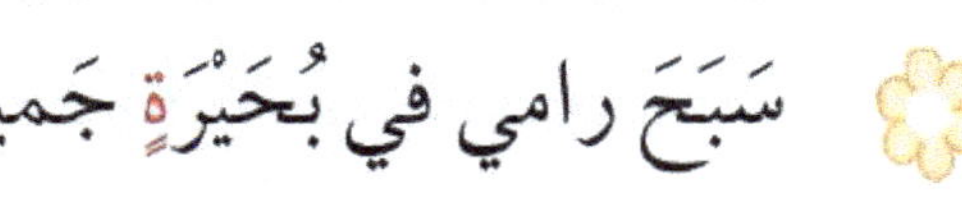
- ❀ سَبَحَ رامي في بُحَيْرَةٍ جَميلَةٍ.

- ❀ رَكِبَ خالِدٌ عَلى فَرَسٍ سَريعَةٍ.

ثانِيًا: التَّذَكُّرُ الْبَصَرِيُّ:

أَقْرَأُ ثُمَّ أَرْسُمُ دائِرَةً حَوْلَ الْكَلِماتِ الَّتي تَحْوي تَنْوينَ الْكَسْرِ :

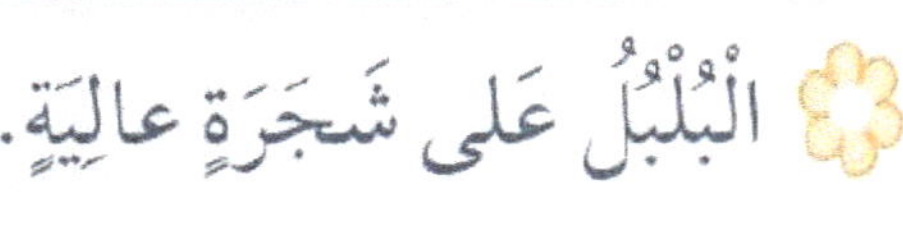

- ❀ الْبُلْبُلُ عَلى شَجَرَةٍ عالِيَةٍ.

- ❀ أَكَلْتُ تُفّاحَةً كَبيرَةً.

تَنْوين الْكَسْر

- ❀ دَرّاجَتي سَريعَةٌ.

١ أُضيفُ تَنْوينَ الْكَسْرِ إِلى الْكَلِماتِ الْآتيةِ بَدَلًا مِنْ تَنْوينِ الضَّمِّ، ثُمَّ أَقْرَؤُها:

الْكَلِمَةُ	مَعْ تَنْوينِ الْكَسْرِ (ـٍ)	الْكَلِمَةُ	مَعْ تَنْوينِ الْكَسْرِ (ـٍ)
ثَلْجٌ		جَبَلٌ	
وَلَدٌ		شارِعٌ	
مُعَلِّمٌ		كُرَةٌ	

٢ أَسْتَمِعُ إِلى مُعَلِّمَتي أَثْناءَ قِراءَتِها لِيَوْمِياتِ رامي، ثُمَّ أَكْتُبُ الْكَلِماتِ الْمُنَوَّنَةَ في الْعَمودِ الْمُناسِبِ:

في يَوْمٍ جَميلٍ فيه شَمْسٌ مُشِعَّةٌ، سِرْتُ إِلى بُسْتانٍ جَميلٍ، فيهِ أَشْجارٌ مُتَنَوِّعَةٌ، تَناوَلْتُ مِنْ شَجَرَةٍ حَبَّةَ تُفَّاحٍ، وَتَناوَلْتُ مِنْ شَجَرَةٍ أُخْرى حَبَّةَ خَوْخٍ، ثُمَّ دَخَلْتُ الْبَيْتَ مَسْرورًا فَرِحًا .

❀ تَنْوينُ الْفَتْحِ	❀ تَنْوينُ الضَّمِّ	❀ تَنْوينُ الْكَسْرِ

أَرَكِّبُ مَنَ الْمَقاطِعِ كَلِماتٍ، ثُمَّ أَقْرَأُ :

وَ + لَ + دِ   جَ + مي + لَ + ةٍ   ثَعْ + لَ + بٍ

_______________   _______________   _______________

أَقْرَأُ جُمَلًا جَديدَةً وَأُكافِئُ نَفْسي وَأَرْسُمُ وَجْهًا باسِمًا في الدّائِرَةِ:

يَسْبَحُ مازِنٌ في بُحَيْرَةٍ جَميلَةٍ.

بُسْتانُ عامِرٍ مُثْمِرٌ.

حَرْفُ الطَّاءِ ط

الدَّرْسُ الثَّاني — التَّعاوُنُ

١ أَقْرَأُ مُسْتَعينًا بِالصّورَةِ:

نَزَلَ الْمَطَرُ

نَحْنُ نُساعِدُ جَدّي بِنَشاطٍ

جابِرٌ يَقْطَعُ الْبَطاطا

أَنا أَجْمَعُ الْحَطَبَ

طارِقٌ يُساعِدُ جَدَّتي في إِعْدادِ الْفَطورِ

جَدّي سَوْفَ يَذْهَبُ إِلى الْمَطارِ

التَّعَاوُنُ

أَوَّلًا: التَّذَكُّرُ الصَّوتيُّ النُّطْقِيُّ :

١ أُصْغي إِلى الكَلِماتِ الّتي يَلْفِظُها الْمُعَلِّمُ وَأُصَفِّقُ عِنْدَ سَماعِيَ صَوْتَ الْحَرْفِ (ط):

بَيْتٌ	حَطَبٌ	بَطاطا	نَشاطٌ	الْمَطَرُ

نَباتاتٌ	فَطورٌ	تَرْسُمُ	طارِقٌ

٢ أَقْرَأُ كَلِماتٍ جَديدَةً وَأُكافِئُ نَفْسي وَأَرْسُمُ وَجْهًا باسِمًا في الدّائِرَةِ:

طِفْلٌ	طَبْلٌ	بِطّيخٌ	طَوابِعُ	طاوِلَةٌ

ثانِيًا : التَّذَكُّرُ الْبَصَرِيُّ :

١ أَقْرَأُ الْكَلِماتِ الآتِيَةَ، ثُمَّ أَرْسُمُ دائِرَةً حَوْلَ حَرْفِ الطَّاءِ:

نَشيطٌ	الْمَطَرُ	طابَعٌ	الْقِطارُ	الْمَطارُ

٢ أَحْذِفُ حَرْفَ (ط) في الْكَلِماتِ الْآتِيةِ لِأَحْصُلَ عَلى كَلِمَةٍ جَديدَةٍ

طَريفٌ

حَطَبٌ

مَطَرٌ

طَعامٌ

ثالِثًا: التَّذَكُّرُ الْعَضَليّ: (الْكِتابَةُ):

١ أَكْتُبُ كَلِمَةً:

ط   ط   ط

تَبْدَأُ بِحَرْفِ الطّاءِ | في وَسَطِها حَرْفُ الطّاءِ | في آخِرِها حَرْفُ الطّاءِ

ت   ط

٢ أَمْلَأُ الْفَراغَ بِما يُناسِبُ (ت)(ط):

ساعَدَ.... فا...مَةُ أُمَّها في إِعْدادِ ...عامِ الْعَشاءِ، ثُمَّ وَضَعَ... الـ...عامَ عَلى الـ...اوِلَةِ.

وَنامَ.... في السَّريرِ ...حْلُمِ بِالْمَدْرَسَةِ.

حَرْفُ الْكافْ
كـ ـكـ ـك كا
كى

الدَّرْسُ الأَوَّلُ   في مَكْتَبَةِ جَدّي

١ أَقْرَأُ مُسْتَعينًا بِالصّورَةِ:

قالَ كَريمٌ : هَذِهِ الْخِزاناتُ كَبيرَةٌ.

تَحْتَوي الْكَثيرَ مِنَ الرُّفوفِ.

عَلَيْها الْكَثيرُ مِنَ الْكُتُبِ .

قالَ جَدّي : أَنْتَ يا كَرَمُ، وَ يا كَمالُ،
تَعاوَنا في نَقْلِ الطّاوِلاتِ .

طَلَبَ مِنّي جَدّي أَنْ أَكْتُبَ الْعِباراتِ الآتِيَةَ عَلَى اللّوحاتِ .

كُتُبٌ أَدَبِيَّةٌ	كُتُبٌ عِلْمِيَّةٌ.
الْكِتابُ خَيْرُ جَليسٍ	التِزامُ السُّكوتِ

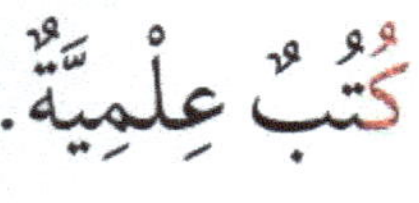

أَيْنَ نَحْنُ ؟ نَحْنُ في ـ ـ ـ ـ ـ ـ ـ ـ

في مَكْتَبَةِ جَدّي

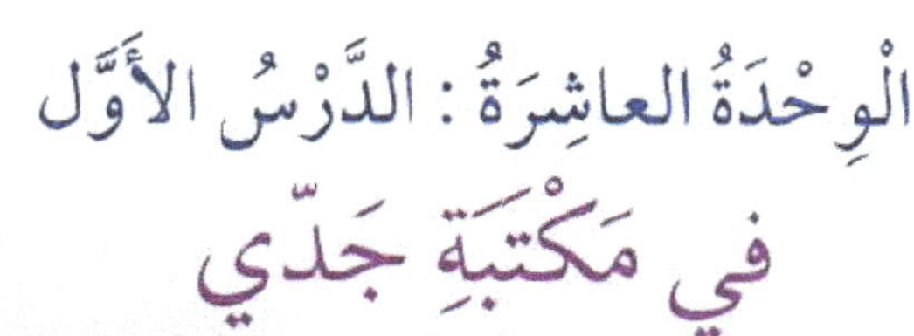

أَوَّلًا: التَّذَكُّرُ السَّمْعِيُّ، النُّطْقِيُّ :

١ أُصْغي إِلى الْكَلِماتِ الّتي يَلْفِظُها الْمُعَلِّمُ وَأُصَفِّقُ عِنْدَ سَماعِيَ صَوْتَ الْحَرْفِ (ك):

قَلْبٌ	الْكَثيرُ	الطَّعامُ	كِتابٌ
كَمالٌ	قَلَمٌ	كَريمٌ	مَكْتَبة

٢ أَقْرَأُ كَلِماتٍ جَديدَةً وَأُكافِئُ نَفْسي وَأَرْسُمُ وَجْهًا باسِمًا في الدّائِرَةِ:

كِتابٌ	كَبيرَةٌ	كَثيرَةٌ	كَريمٌ	كَمالٌ

ثانِيًا : التَّذَكُّرُ الْبَصَرِيّ:

١ أُلَوِّنُ الْوَرْدَةَ أَسْفَلَ الْكَلِمَةِ الّتي تَحْتَوي عَلَى حَرْفِ (ك) بِاللَّوْنِ الْأَحْمَرِ:

كُتُب	كَعْك	ثاني	كَوْكَب	شَوْك	مُكَعَّب

٢) رامي يُحِبُّ اللَّعِبَ بِالْحُروفِ وَالْكَلِماتِ، يَوَدُّ أَنْ يَشْطُبَ حَرْفَ (ك) مِنَ الْكَلِماتِ الْآتِيَةِ، لِنُساعِدْ رامي في مَهَمَّتِهِ، وَنَكْتُبِ الْكَلِمَةَ النّاتِجَةَ ثُمَّ نَقْرَأُها :

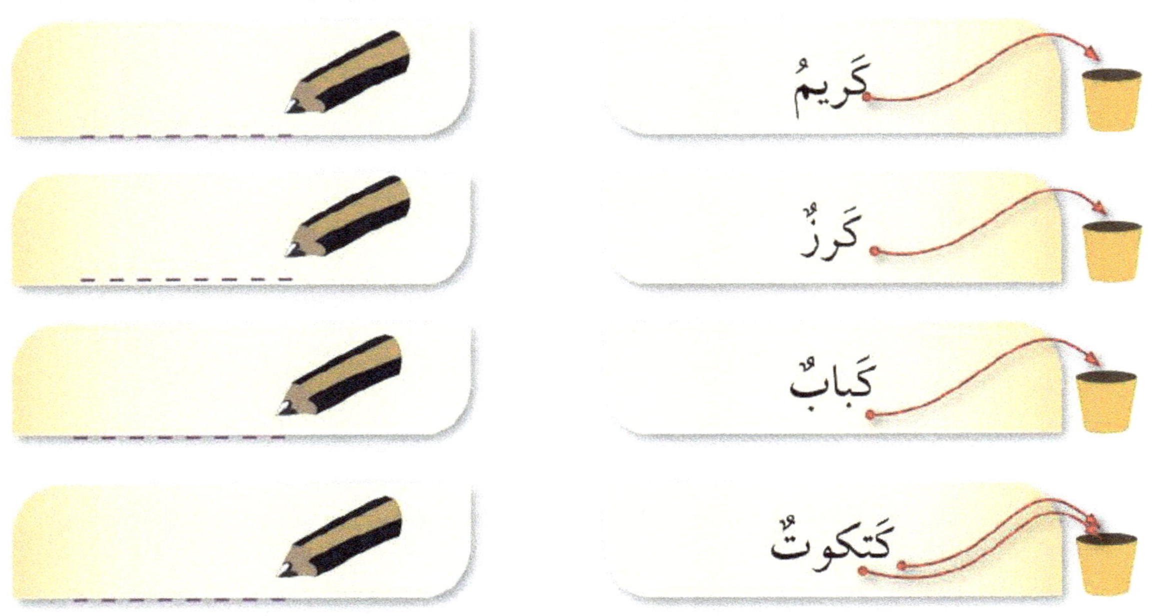

ثالِثًا : التَّذَكُّرُ الْعَضَلِيّ :

١) أَخْتارُ الشَّكْلَ الصَّحيحَ لِلْحَرْفِ (ك، كـ) مَعَ الْحَرَكَةِ الْمُناسِبَةِ (َ ، ِ ، ُ) إِنْ لَزِمَ، ثُمَّ أَمْلَأُ بِهِ الْفَراغَ:

كَتـ...وتٌ   ...تِبٌ   ...رِسِيٌّ

...تابٌ   شَوْ...

١ يُريدُ رامي الْوُصولَ إلى الْكوخِ، وَلَكِنْ عَلَيْهِ الْمُرورُ بِالْمُرَبَّعاتِ الَّتي تَحْتَوي عَلَى حَرْفِ (ك) مَعَ حُروفِ الْمَدّ الطَّويلِ (و- ي - ا) وَبَعْدَها يَسْتَطيعُ أَنْ يَصِلَ إلى الْكوخِ: لِنُساعِدْ رامي .

٢ أُرَكِّبُ مَنَ الْمَقاطِعِ كَلِماتٍ، ثُمَّ أَقْرَأُ

كو + بُّ	كا + مِ + لٌ	حَ + كي + مٌ
ـــــــــ	ـــــــــ	ـــــــــ

كَ + بي + رَ + ةٌ

مُ + كا + لَ + مَ + ةٌ

____

____

٣) أُرَكِّبُ مِنَ الْمَقاطِعِ الْآتِيَةِ كَلِماتٍ لَها مَعْنًى، ثُمَّ أَقْرَأُ:

كُر ←	سِيْ ←	يُّ
كُ ←	رَ ←	ةٌ
رَ ←	كِ ←	بـ
كَ ←	ثيـ ←	رٌ

____

____

____

____

١) انْظُرْ جَيِّدًا إِلى الْكَلِماتِ الْآتِيَةِ واسْتَبْدِلِ الْحَرْفَ الْمُلَوَّنَ بِالْحَرْفِ الَّذي تَحْتَهُ خَطٌّ لِأَحْصَلَ عَلى كَلِمَةٍ جَديدَةٍ، كَما في الْمِثالِ:

كبيرَة	سكَتَ	أَسْلاك	كوب
ثـ	بـ	م	ع
كَثيرَة	_______	_______	_______

حرف الذّال

ذَ ذِ

الدَّرْسُ الثّاني   الْإِذَاعَةُ الْمَدْرَسِيَّةُ

١ أَقْرَأُ مُسْتَعِينًا بِالصّورَةِ:

مُنْذِرٌ تِلْميذٌ ذَكِيٌّ

مُنْذِرٌ يُشارِكُ فِي الْإِذاعَةِ الْمَدْرَسِيَّةِ

جَدّي: عَنْ ماذا سَوْفَ تَتَحَدَّثُ يا مُنْذِرُ؟

مُنْذِرٌ: سَوْفَ أَتَحَدَّثُ عَنْ ذِكْرى مَعْرَكَةِ الْكَرامَةِ.

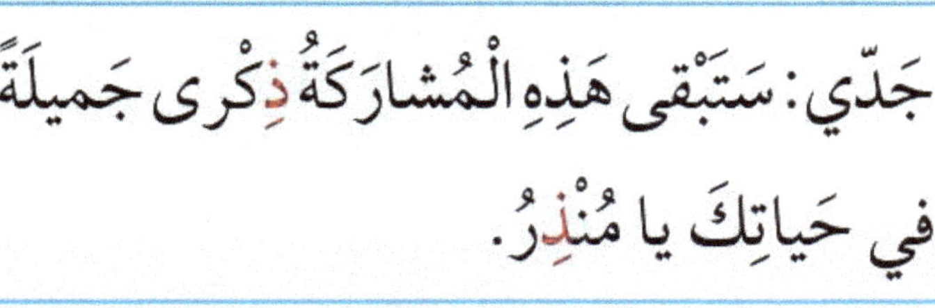

جَدّي: سَتَبْقى هَذِهِ الْمُشارَكَةُ ذِكْرى جَميلَةً فِي حَياتِكَ يا مُنْذِرُ.

27

الْإِذاعَةُ الْمَدْرَسِيَّةُ

حرف الذّال

أَوَّلًا: التَّذَكُّرُ السَّمْعِيّ، النُّطْقِيّ :

١ أُصْغي إِلى الكَلِماتِ الّتي يَلْفِظُها الْمُعَلِّمُ وَأُصَفِّقُ عِنْدَ سَماعِيَ صَوْتَ الْحَرْفِ (ذ)

| مُنْذِرٌ | الْكَرامَةُ | ذَكِيٌّ | الْإِذاعَةِ | الْمَدْرَسَةُ | ذِكْرى | الْمُشارَكَةِ |

٢ أُسَمّي كَلِماتٍ تَحْتَوي حَرْفَ الذّال (ذ):

٣ أَلَوِّنُ الْوَرْدَةَ أَسْفَلَ الْعُضْوِ الّذي يَحْتَوي حَرْفَ الذّال (ذ):

| أُذُنٌ | يَدٌ | لِسانٌ | عَيْنٌ | أَنْفٌ |

٤ أَقْرَأُ جُمَلًا جَديدَةً وَأُكافِئُ نَفْسي وَأَرْسُمُ وَجْهًا باسِمًا في الدّائِرَةِ:

هذا وَلَدٌ ذَكِيٌّ   هذِهِ ذِكْرى جَميلَةٌ

هذِهِ إِذاعَةُ مَدْرَسَتي   هذِهِ ذُرَةٌ لَذيذَةٌ

١ أَرْسُمُ دائِرَةً حَوْلَ حَرْفِ (ذ) وَمُثَلَّثًا حَوْلَ حَرْفِ (د)

دُبٌّ   ذابَ   عَذْبٌ   داري

٢ أَنْظُرُ إِلَى الصّورَةِ وَأُلَوِّنُ الدّائِرَةَ الَّتي تَحْتَوي الْحَرْفَ الَّذي تَبْدَأُ بِهِ الصّورَةُ

د ذ ر ز   د ذ ر ز   د ذ ر ز   د ذ ر ز

١ أَكْتُبُ حَرْفَ (ذ) بِشَكْلِهِ الْمُناسِبِ في الْفَراغِ، ثُمَّ أَقْرَأُ.

هَذا مُنْـ...رٌ ، يَلْبِسُ حِـ...اءً جَديدًا ، يَجْلِسُ بِحُبٍّ ، وَيَتَحَدَّثُ عَنْ

...كْرَياتِهِ، مُنْـ...رُ تِلْميـ....كِيّ

رامي في مَدينةِ التَّهْجِئَةِ، ذَهَبَ إِلى بِلادِ الْحَرْفِ (ذ)، وَاسْتَطاعَ أَنْ يَقْرَأَ وَيَكْتُبَ الْكَثيرَ مِنَ الْكَلِماتِ الَّتي تَحْتَوي حَرْفَ(ذ)، لِنُسافِرْ مَعْ رامي، وَنَحُلَّ مَعَهُ التَّمارينَ الْآتِيَةَ:

١) أَمْلَأُ الْفَراغَ بِالْمَقْطَعِ الصَّحيحِ، ثُمَّ أَقْرَأُ:

📖 هَذا ...راعٌ طَويلٌ .	ذَ ذُ ذِ
📖 هَذا ...نَبُ كَلْبٍ .	
📖 أُحِبُّ ...رَةَ جَدَّتي.	

📖 هَذِهِ كَعْكَةٌ لَـ...ذَةٌ .	ذا ذو ذي
📖 هَـ... بَيْتُ جَدّي .	
📖 هَذِهِ بُـ...رُ الْقَمْحِ .	

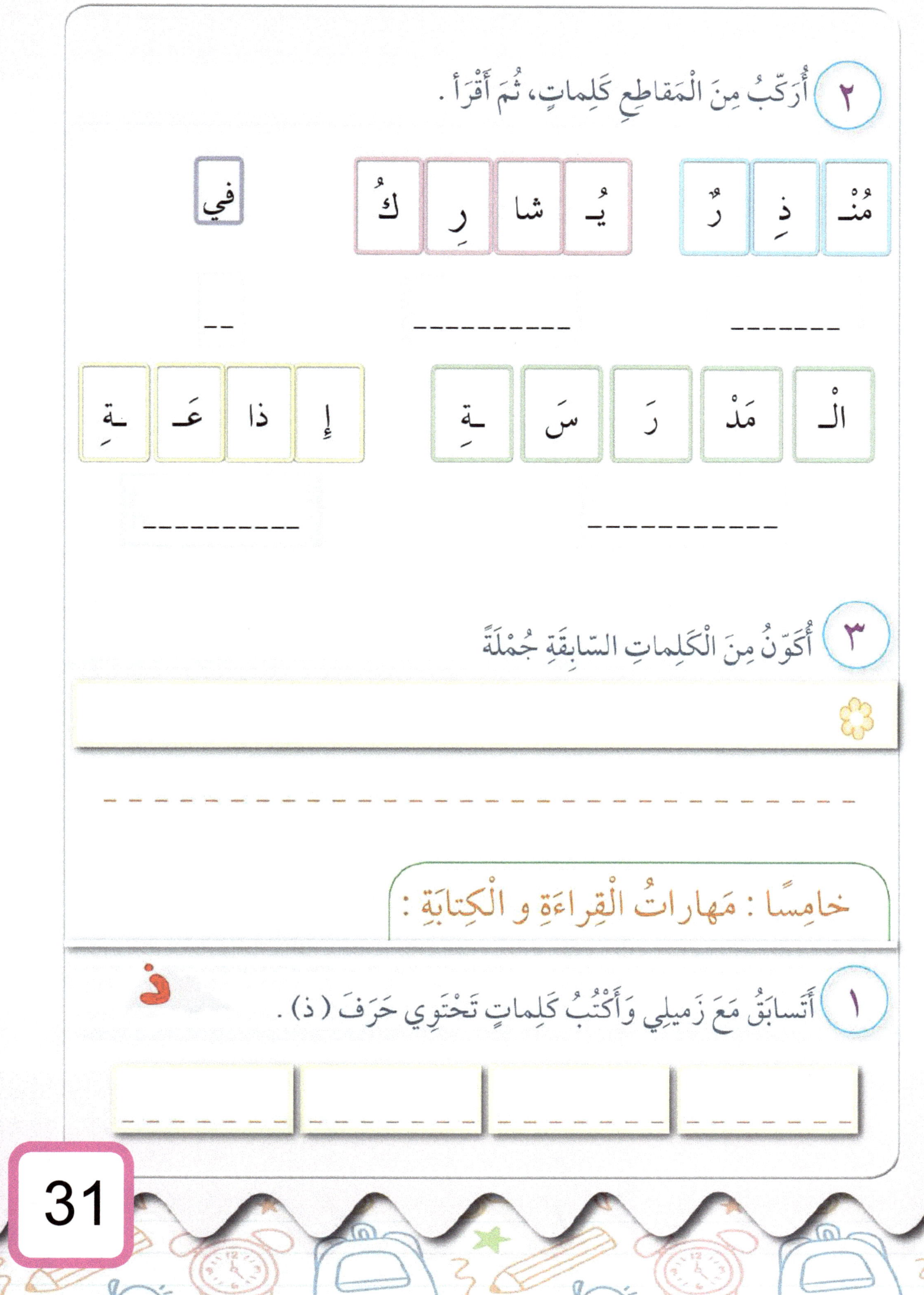

٢) أُرَكِّبُ مِنَ الْمَقاطِعِ كَلِماتٍ، ثُمَ أَقْرَأُ .

| كُ | رِ | شا | يُ | رُ | ذِ | مُنْـ | في |

------- ---------- --

| ـةِ | سَ | رَ | مَدْ | الـ | إِ | ذا | عَـ | ـةِ |

---------- ------------

٣) أُكَوِّنُ مِنَ الْكَلِماتِ السّابِقَةِ جُمْلَةً

خامِسًا : مَهاراتُ الْقِراءَةِ و الْكِتابَةِ :

١) أَتَسابَقُ مَعَ زَميلي وَأَكْتُبُ كَلِماتٍ تَحْتَوِي حَرَفَ (ذ) .   ذ

-------- -------- -------- --------

د ذ

٢) أَمْلَأُ الْفَرَاغَ بِـ (ذ أَوْ د) لِتُصْبِحَ الْكَلِمَةُ صَحِيحَةً :

أَنا اسْمِي زَيْـ... في ....اري نافِـ...ةٌ كَبِيرَةٌ ، أَجْلِسُ بِجانِبِ النَّافِـ...ةِ ،
أَتَناوَلُ الـ...ُّرَةَ اللَّذيـ...َةَ ، وَ أَرْسُمُ ..ُبًّا كَبِيرًا .

٣) جَلَسْنا حَوْلَ جَدّي وَلَعِبْنا لُعْبَةً مُمْتِعَةً ، هِيَ لُعْبَةُ الْحَزازيرِ ، جَدّي يَسْأَلُ
وَنَحْنُ نُجِيبُ ، وَلْنُرَكِّزْ وَنُشارِكْ فِي اللُّعْبَةِ .

❀ كَلِمَةٌ بِمَعْنَى ذَنَب .

❀ مِنْ صِفاتِ الطّالِبِ الْمُفَكِّرِ

٤) أَرْسُمُ دائِرَةً حَوْلَ الْفِعْلِ الّذي قامَ بِهِ مُنْذِرٌ كَما في الْمِثالِ:

📖 ذَكَرَ مُنْذِرٌ مُمَيِّزاتِ ابْنِ عَمِّهِ .	📖 ذَهَبَ مُنْذِرٌ إِلَى الْمَدْرَسَةِ مُبَكِّرا .
📖 أَذابَ مُنْذِرٌ السُّكَّرَ في الشّاي .	📖 ذاكَرَ مُنْذِرٌ جَمِيعَ دُرُوسِهِ .

٥) أَنْظُرُ إِلَى الصُّوَرِ الْآتِيَةِ وَأَكْتُبُ جُمْلَةً تُعَبِّرُ عَنْها :

الدَّرْسُ الثَّالِثُ   جَلْسَةٌ عَائِلِيَّةٌ   حَرْفُ الْقَافِ

١ أَقْرَأُ مُسْتَعِينًا بِالصُّورَةِ :

جَلَسْنا عَلَى الْمَقَاعِدِ عَلَى شَكْلِ حَلْقَةٍ.

نُرَاقِبُ الْقَمَرَ فِي بَيْتِ جَدِّي وَنَتَسَامَرُ.

تَسَلَّلَ عَقْرَبٌ مِنْ بَيْنِ أَعْشَابِ الْحَدِيقَةِ.

قَامَ جَدِّي وَضَرَبَهُ بِالْمِطْرَقَةِ بِقُوَّةٍ.

قَتَلَ جَدِّي الْعَقْرَبَ.

عَادَ الْفَرَحُ وَزَالَ الْقَلَقُ، شُكْرًا جَدِّي.

جَلْسَةٌ عائِلِيَّةٌ

أَوَّلًا : التَّذَكُّرُ السَّمْعِيُّ النُّطْقِيُّ :

١ أُصْغِي إِلَى الْكَلِماتِ الَّتي يَلْفِظُها الْمُعَلِّمُ وَأُصَفِّقُ عِنْدَ سَماعِيَ صَوْتَ الْحَرْفِ (ق):

| بِقُوَّةٍ | مَقاعِد | نُراقِبُ | الْقَلَقَ | بَيْتٌ | قامَ | كَلْبٌ |

٢ أَقْرَأُ جُمَلًا جَديدَةً وَأُكافِئُ نَفْسي وَأَرْسُمُ وَجْهًا باسِمًا في الدّائِرَةِ:

| مِطْرَقَةُ جَدّي. | ✿ | أَشْعُرُ بِالْقَلَقِ. | ✿ |
| لا أُحِبُّ الْعَقْرَبَ | ✿ | الْمَقاعِدُ مُريحَةٌ | ✿ |

ثانِيًا : التَّذَكُّرُ الْبَصَرِيُّ :

١ أَرْسُمُ دائِرَةً حَوْلَ حَرْفِ (ق). ◯

| لَقْلَقَ | قَليلٌ | فارِسٌ | قالَتْ | قَلِقَ | قالَ |

٢) أَقْرَأُ ثُمَّ أُلَوِّنُ الشَّكْلَ الَّذي يَحْتَوي كَلِمَةً فيها حَرْفُ (ق) بِاللَّوْنِ الْأَخْضَرِ، وَالشَّكْلَ الَّذي يَحْتَوي كَلِمَةً فيها حَرْفُ (ف) بِاللَّوْنِ الْأَصْفَرِ:

٣) أَحْذِفُ حَرْفَ (ق) مِنَ الْكَلِماتِ الآتِيَةِ، فَأَحْصُلُ عَلَى كَلِمَةٍ جَديدَةٍ، أَكْتُبُها، ثُمَّ أَقْرَأُ، كَما في الْمِثالِ:

رامي في مَدينَةِ التَّهْجِئَةِ، ذَهَبَ إِلى بِلادِ الْحَرْفِ (ق)، وَاسْتَطاعَ أَنْ يَقْرَأَ وَيَكْتُبَ الْكَثيرَ مِنَ الْكَلِماتِ الَّتي تَحْتَوي حَرْفَ (ق)، لِنُسافِرْ مَعَ رامي، وَنَحُلَّ مَعَهُ التَّمارينَ الْآتِيَةَ:

١ أَخْتارُ الْمَقْطَعَ الْمُناسِبَ، وَأَضَعُهُ في الْفَراغِ، ثُمَّ أَقْرَأُ الْجُمْلَةَ

قَ   قِ   قُ   قي   قو   قا

رَكِبْتُ في ...طارٍ سريعٍ .

الـ...مَرُ بَدْرٌ.

تَقْفِزُ الْـ...رودُ بِسَعادَةٍ.

...رِبُ جَدّي جَميلٌ .

هَذِهِ أَوْرا... وَأَقْلامي .

يُمْنَعُ و...فُ السَّيّاراتِ .

٢ أُرَكِّبُ مِنَ الْمَقاطِعِ كَلِماتٍ، ثُمَّ أَقْرَأُ

حَقْ + لٌ

يَقْ + طي + نْ

قِ + طا + رٌ

____

١ أَكْتُبُ كَلِمَةً:

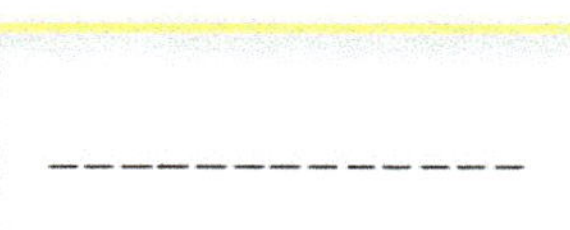

في آخِرِها حَرْفُ الْقاف	في وَسَطِها حَرْفُ الْقاف	تَبْدَأُ بِحَرْفِ الْقاف
ـــــــــــــ	ـــــــــــــ	ـــــــــــــ

٢ أَقْرَأُ الْكَلِماتِ التّالِيَةَ وَأَضَعُ حَرْفَ الْقافِ بِشَكْلِهِ الصّحيحِ في الْفَراغِ:

أَشْر...تِ الشَّمْسُ .

الـ...مَرُ بَدْرٌ .

زُرْتُ الْـ...دْسَ .

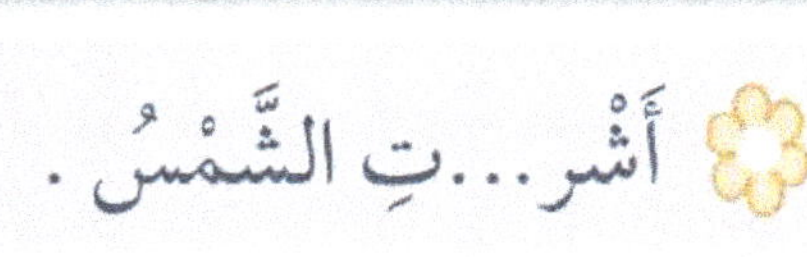

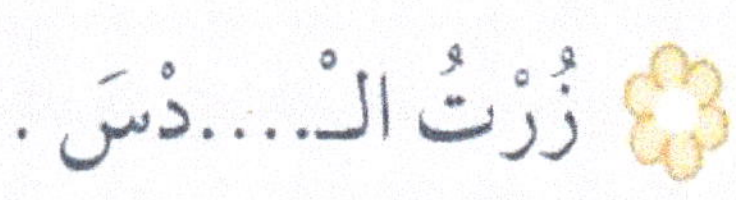

أَكْتُبُ بِالـ...لَمِ .

الـ...طارُ سَريعٌ .

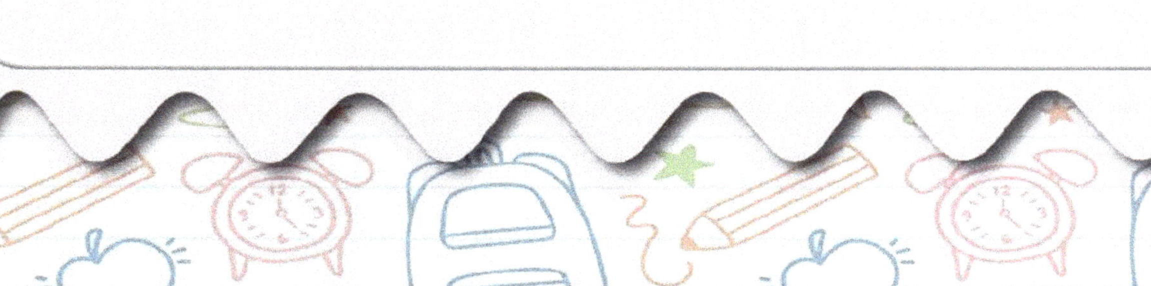

١ أَخْتارُ الْحَرْفَ الْمُناسِبَ (ك ، ق) وَأُكْمِلُ بِهِ الْكَلِمَةَ   ك ق

طارِ....   دي....   بَرْ....   إِبريـ....   أُشوا...

٢ أُجيبُ عَنِ الأُحْجِياتِ الآتِيَةِ :

أَسْتَمِدُّ ضَوْئي مِنَ الشَّمْسِ، وَأَظْهَرُ لَيْلًا، فَمَنْ أَنا؟

يَجْلِسُ عَلَيْهِ الطُّلَّابُ في الْمَدْرَسَةِ، وَمَصْنوعٌ مِنَ الْخَشَبِ ، فَما هُوَ؟

أَنا فاكِهَةٌ شَتَوِيَّةٌ كُرَوِيَّةُ الشَّكْلِ، لَوْني بُرْتُقاليٌّ، فَمَنْ أَنا؟

٣ اكْتُبْ حَرْفَ (ق) بَدَلا مِنَ الْحَرْفِ الْمُلَوَّنِ، كَما في الْمِثالِ:

سَمَر	أَلَم	حَبْل	مال	كَلْب
ق	ق	ق	ق	ق
				قَلْب

الشَّدَّةُ

أَوَّلًا: التَّذَكُّرُ السَّمْعِيُّ النُّطْقِيُّ :

📖 أَقْرَأُ كَلِماتٍ جَديدَةً وَأُكافِئُ نَفْسي وَأَرْسُمُ وَجْهًا باسِمًا في الدَّائِرَةِ:

دَرَّاجَةٌ	مُعَلِّمَةٌ	سَمَّاعَةٌ	سَيّارَةٌ	سِجّادَةٌ

ثانِيًا: التَّذَكُّرُ السَّمْعِيُّ النُّطْقِيُّ :

١) يَقْرَأُ الْمُعَلِّمُ الْكَلِماتِ الآتِيَةَ، وَأَنْتَبِهُ إِلى شَكْلِ الْحَرْفِ الْمُشَدَّدِ الْمُلَوَّنِ وَأُصَفِّقُ عِنْدَ سَماعي صَوْتَ الْحَرْفِ الْمُشَدَّدِ:

دَرَّسَ	درس	دَرَسَ	جَمّال	جِمال	جَمال
قَدَّمَ	قَدِمَ	قَدَم	عَلَّمَ	عِلْمٌ	عَلَمٌ

٢) أَعودُ إِلَى الْكَلِماتِ السّابِقَةِ، ثُمَّ أَرْسُمُ دائِرَةً حَوْلَ الشَّدَّةِ (ّ)

📖 أَرْسُمُ دائِرَةً حَوْلَ الْحَرْفِ الَّذي يَحْتَوي عَلَى حَرْفٍ مُشَدَّدٍ

الأُمُّ   الصَّيْفُ   الدَّرَّاجَةُ   سُلَّم

أُلاحِظُ :

الشَّدَّةَ عَلَى الْحَرْفِ، وَ تَعْني لَفْظَ الْحَرْفِ مَرَّتَيْنِ، الأَوَّلُ ساكِنٌ والثّاني مُتَحَرِّكٌ

دُبّ = بْ + دُ   بَطّ = طْ + بَ

رابِعًا : التَّذَكُّرُ الْعَضَلِيُّ / الْكِتابَةُ

١ أَنْتَبِهُ إِلَى الْمُعَلِّمِ وَهُوَ يَكْتُبُ شَكْلَ الشَّدَّةِ فَوْقَ الْحَرْفِ في الْكَلِماتِ الْآتِيَةِ :

دراجة   معلم   سيارة   سماعة   طيارة

  أَقْرَأُ ما يَأْتي وأَكْتُبُ الْكَلِمَةَ الْمُناسِبَةَ لِأُشَكِّلَ جُمْلَةً مُفيدَةً كَما في الْمِثالِ

١- رامي ...عَلَّمَ... سامِرًا قَواعِدَ لُعْبَةِ كُرَةِ السَّلَّةِ   عَلَمَ

٢- رَسَمَ سامِرٌ .... بِلادِه.   عَلَّمَ

٣- رَمى الصَّيّادُ .... لِيَصيدَ السَّمَكَ   الشِّباكَ

٤- فَتَحَ الصَّيّادُ .... في الصَّباحِ   الشُّبّاكَ

٥- .... مُحَمَّدٌ دَرْسَهُ   دَرَسَ

٦- .... الْمُعَلِّمُ تَلاميذَهُ   دَرَّسَ

٧- .... جَدّي الأَشْجارَ   قَلَمُ

٨- .... جَدّي جَميلٌ   قَلَّمَ

٣ أَقْرَأُ الْجُمَلَ الآتِيَةَ وَأَكْتُبُ الشَّدَّةَ حَيْثُ يَلْزَمُ عَلَى الْكَلِمَةِ الْمُلَوَّنَةِ :

❀ سلمت يَداكِ يا جَدّتي.   ❀ سَلّمْتُ عَلَى عَمي الْمُسافِرِ .

❀ وقع الْمُديرُ الْوَرَقَةَ .   ❀ وقع سامِرٌ عَلَى الأَرْضِ .

❀ سبح بِحَمْدِ رَبِّكَ الَّذي خَلَقَ .   ❀ سبح مُحَمَّدٌ في الْبَحْرِ .

الدَّرْسُ الْأَوَّلُ   ما أَجْمَلَ الرَّبيعِ.

١ أَقْرَأُ مُسْتَعينًا بِالصّورَةِ:

ما أَجْمَلَ النَّهْرَ !

ما أَجْمَلَ الرَّبيعَ !

ما أَجْمَلَ الزُّهورَ!

ما أَجْمَلَ هذا الْهُدْهُدَ !

ما أَجْمَلَ الرَّبيعَ بِعُشْبِهِ وَبِنَسيمِهِ الْعَليلِ.

ما أَجْمَلَ الرَّبيعِ.

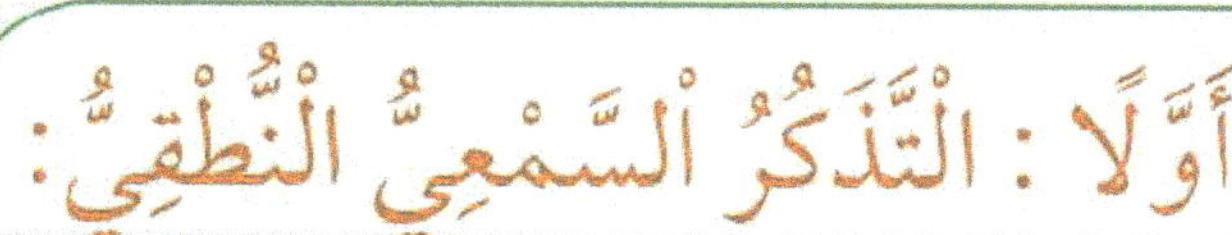

أَوَّلًا : التَّذَكُّرُ السَّمْعِيُّ النُّطْقِيُّ :

١ أُصْغي إِلى الكَلِماتِ الّتي يَلْفِظُها الْمُعَلِّمُ

وَأُصَفِّقُ عِنْدَ سَماعي صَوْتَ الْحَرْفِ (هـ):

| أَزْهارٌ | زاهِيَةٌ | الرَّبيعُ | سُهولٌ | أَجْمَلَ | هَذِهِ | الْعَليلُ |

٢ أَقْرَأُ جُمَلًا جَديدَةً وَأُكافِئُ نَفْسي وَأَرْسُمُ وَجْهًا باسِمًا في الدّائِرَةِ :

❀ هُدْهُدٌ جَميلٌ.   ❀ أَزْهارٌ مُلَوَّنَةٌ.

❀ هِنْدٌ وَهاني وَهادي وَهيامٌ يُحِبّونَ فَصْلَ الرَّبيعِ.

ثانِيًا : التَّذَكُّرُ الْبَصَرِيُّ :

١ يَقْرَأُ الْمُعَلِّمُ الْجُمَلَ الآتِيَةَ، وَأَنْتَبِهُ إِلى شَكْلِ حَرْفِ الْهاءِ وَصَوْتِهِ.

اسْمُ أُخْتي سِهامٌ.	هِرَّتي جَميلَةٌ.
وَجْهُ أُمّي مُشْرِقٌ.	لَوْنُ الْوَرَدَةِ زَهْرِيٌّ.

أَعودُ لِلْجُمَلِ السَّابِقَةِ وَ أَرْسُمُ دائِرَةً حَوْلَ حَرْفِ (هـ).

ثالِثًا : التَّذَكُّرُ العَضَلِيُّ / الْكِتابَة

أَخْتارُ شَكْلَ حَرْفِ الْهاءِ الْمُناسَبَ ، وَأَكْتُبُهُ تَحْتَ الصّورَةِ مَعَ الْحَرَكَةِ الْمُناسِبَةِ، (ـُـ، ـِـ، ـَـ، ـْـ):

.... رَّةٌ

د...دُ

...ـلالٌ

زُ....ـرِيَّةٌ

نَ......رٌ

فاكِـ...ةٌ

رامي في مَدينةِ التَّهْجِئَةِ، ذَهَبَ إِلى بِلادِ الْحَرْفِ (هـ)، وَاسْتَطاعَ أَنْ يَقْرَأَ وَيَكْتُبَ الْكَثيرَ مِنَ الْكَلِماتِ الَّتي تَحْتَوي حَرْفَ(هـ)، لِنُسافِرْ مَعَ رامي، وَنَحُلَّ مَعَهُ التَّمارينَ الْآتِيَةَ:

١ أُرَكِّبُ مَنَ الْمَقاطِعِ كَلِماتٍ، ثُمَّ أَقْرَأُ

نَهْ + رُ	هَـ + دي + لُّ	مِـ + يا + هُ
ـــــــــــ	ـــــــــــ	ـــــــــــ

٢ أَخْتارُ الْمَقْطَعَ الْمُناسِبَ، وَأَضَعُهُ في الْفَراغِ، ثُمَّ أَقْرَأُ الْجُمْلَةَ

(هَـ) (هِ) (هُـ) (ها) (هو) (هي)

📖 زُ....رُ الْحَديقَةِ	📖 ....يَ أُخْتي
📖 زا....اللَّوْن	📖 ....دَفُ رامي
📖 ...ـتِف أَبي	📖 ...ناكَ لُعْبَتي

الدَّرْسُ الثّاني   صَديقي ضِياءُ

الهمزة

١ أقْرَأُ مُسْتَعِينًا بِالصّورَةِ :

أنا ضِياءُ

أُحِبُّ أُسْرَتي

أُمّي أَمَلُ

أبي أَمْجَدُ

أُخْتي دُعاءُ

أَخي إِيادُ

صَديقي ضِياءٌ

الهمزة

أَوَّلًا: التَّذَكُّرُ الصَّوتِيُّ النُّطْقِيُّ:

١ - أُصْغي إِلى الْكَلِماتِ الَّتي يَلْفِظُها الْمُعَلِّمُ، وَأَنْتَبِهُ إِلى مَخْرَجِ حَرْفِ (الْهَمْزَةِ) وَأُصَفِّقُ عِنْدَ سَماعِيَ صَوْتَ (الْهَمْزَةِ):

أُمّي	بَهاء	إِياد	دُعاء	هَناء

أَبي	أُختي	أَخي	السَّماء

٢ - أَقْرَأُ جُمَلًا جَديدَةً وَأُكافِئُ نَفْسي وَأَرْسُمُ وَجْهًا باسِمًا في الدّائِرَةِ:

🌸 سَماءٌ زَرْقاءُ.   🌸 كُرَةٌ حَمْراءُ.

🌸 أَعْشابٌ خَضْراءُ.   🌸 كُرَةٌ سَوْداءُ.

ثانِيًا: التَّذَكُّرُ الْبَصَرِيُّ:

١ - أَقْرَأُ الْكَلِماتِ الآتِيَةَ، ثُمَّ أُلَوِّنُ الْوَرْدَةَ أَسْفَلَ الْكَلِماتِ الَّتي وَرَدَتْ فيها (الْهَمْزَةُ):

حَمْراءُ	إيمانُ	أُسْرَةٌ	آكُلُ	أَزْرَقُ
○	○	○	○	○

١) أَختارُ شَكْلَ الْهَمْزَةِ الْمُناسَبَ (أَ، أُ، إِ، ءُ) وَأَكْتُبُها في الْفَراغِ، ثُمَّ أَقْرَأُ:

...بْريقٌ

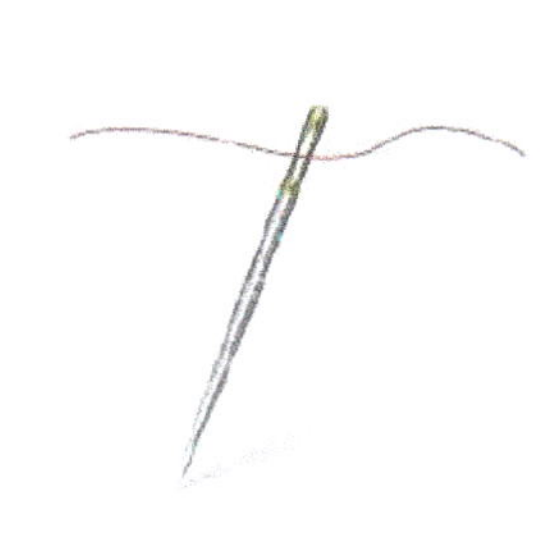

...بْرَةٌ

...رْنَبٌ

سَما...

...سَدٌ

...سْرَةٌ

١) أُرَكِّبُ مَنَ الْمَقاطِعِ كَلِماتٍ، ثُمَّ أَقْرَأُ

صَفْ + را + ءُ   أَمْ + جَ + دُ   إي + ما + نُ   أُخْ + تي

ـــــــــ   ـــــــــ   ـــــــــ   ـــــــــ

أُرَكِّبُ مِنَ الْمَقَاطِعِ كَلِماتٍ ، ثُمَّ أَقْرَأُ .

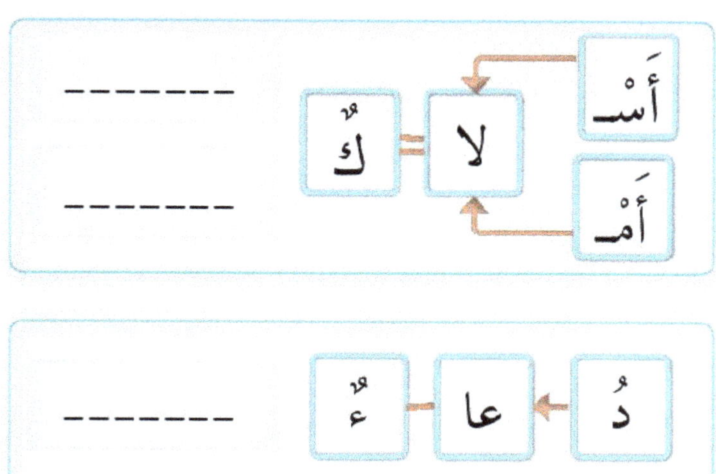

٣ أُجِيبُ عَنِ الْأَحاجِيّ الْآتِيَةِ، وَأَكْتُبُ الْإِجابَةَ في الْفَراغِ، شَرْطَ أَنْ تَحْتَوِيَ إجابَتي عَلى كَلِماتٍ فيها الْهَمْزَةُ :

الْأُحْجِيَةُ

شَيْءٌ لا نَسْتَطيعُ الْعَيْشَ بِدونِهِ، وَيَحْتاجُهُ الْإِنْسانُ وَالْحَيَوانُ وَالنَّباتُ.

فَصْلٌ مِنْ فُصولِ السَّنَةِ.

شَيْءٌ تَمْلَؤُهُ النُّجومُ لَيْلًا.

شَيْءٌ رائِحَتُهُ مُنْعِشَةٌ وَأَلْوانُهُ زاهِيَةٌ.

حَيَوانٌ مُفْتَرِسٌ، يَعيشُ في الْغابَةِ.

الدَّرْسُ الثّالِثُ   عيدُ الشَّجَرَةِ   حَرْفُ الضّادِ

ضـ ضـ ضـ
ضـ

١ أَقْرَأُ مُسْتَعينًا بِالصّورَةِ :

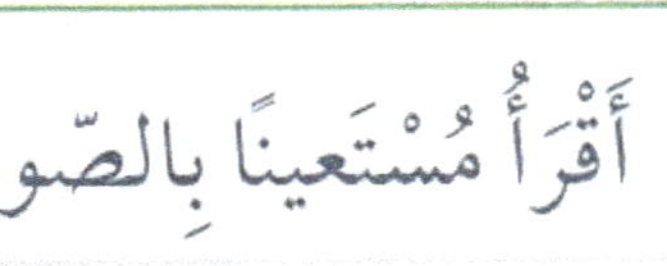

بِمُناسَبَةِ عيدِ الشَّجَرَةِ

أَحْضَرَ جَدّي لَنا بَعْضَ الْأَشْتالِ.

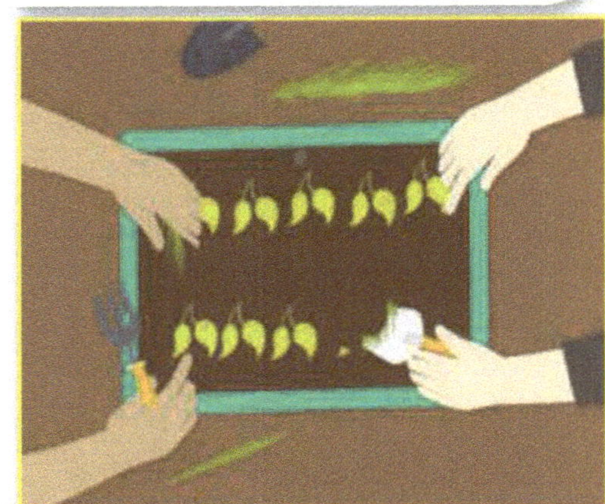

أَنا وَضِياءُ وَراضي نَقْطَعُ الْأَعْشابَ الضّارَّةَ.

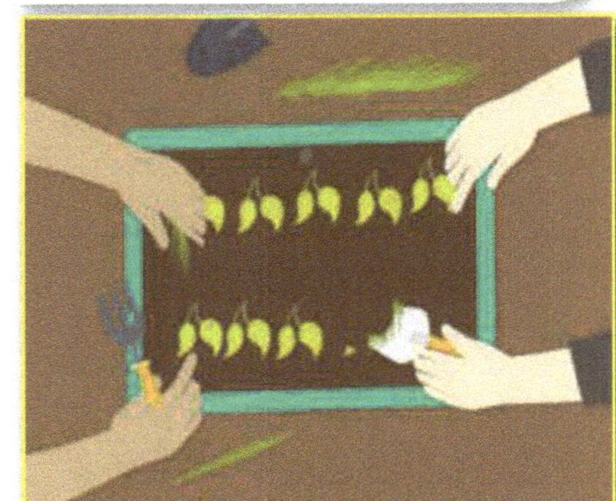

ضِرارٌ وَضُحَى وَعِمادٌ يَزْرَعونَ الْأَشْتالَ.

في الصَّيْفِ تَنْضِجُ الثِّمارُ.

وَنَسْتَمْتِعُ بِجَمالِ أَرْضِنا الْخَضْراءِ.

عيدُ الشَّجَرَةِ

أَوَّلًا: التَّذَكُّرُ السَّمْعِيُّ النُّطْقِيُّ:

١ أُصْغي إِلى الكَلِماتِ الّتي يَلْفِظُها الْمُعَلِّمُ
وَأُصَفِّقُ عِنْدَ سَماعِي صَوْتَ الْحَرْفِ (ض):

ضُحَى	عِمادٌ	ضِرارٌ	أَحْضَرَ
أَشْتالَ	خَضْراءُ	يَدْرُسُ	تَنْضُجُ

٢ أَقْرَأُ كَلِماتٍ جَديدَةً وَأُكافِئُ نَفْسي وَأَرْسُمُ وَجْهًا باسِمًا في الدّائِرَةِ:

أَرْضٌ	ضَبْعٌ	ضِرْسٌ	ضِفْدَعٌ

ثانِيًا: التَّذَكُّرُ البَصَريُّ:

١ أَقْرَأُ جُمَلًا جَديدَةً وَأُكافِئُ نَفْسي وَأَرْسُمُ وَجْهًا باسِمًا في الدّائِرَةِ:

بَيْضُ الدَّجاجِ مُفيدٌ.   نَصومُ في شَهْرِ رَمَضانَ.

لَوْنُ الْقُطْنِ أَبْيَضُ.   أَضَعُ قَلَمي عَلى الطّاوِلَةِ.

٢ أَرْسُمُ دائِرَةً حَوْلَ حَرْفِ الضّادِ (ضـ ، ض) :

ض   ص   ض   ط   ض   س   ض   ص   ض

٣ أَرْسُمُ دائِرَةً حَوْلَ حَرْفِ الضّادِ (ضـ ، ض) في الْجُمَلِ السّابِقَةِ :

٤ أَقْرَأُ ثُمَّ أُلَوِّنُ الشَّكْلَ الَّذي يَحْوي كَلِمَةً فيها حَرْفُ (ض) بِاللَّوْنِ الْأَخْضَرِ، وَ الشَّكْلَ الَّذي يَحْوي كَلِمَةً فيها حَرْفُ (ص) بِاللَّوْنِ الْأَصْفَرِ :

أَبْيَضُ   أَصْفَرُ   ضَبابٌ   أَرْضٌ   صابِرٌ

ثالِثًا: التَّذَكُّرُ الْعَضَلِيُّ / الْكِتابَةُ :

أَكْتُبُ حَرْفَ (ض ، ضـ) مَعَ الْحَرَكَةِ الْمُناسِبَةِ في الْفَراغِ في الْفِقْرَةِ الْآتِيَةِ :

🌸 أُحِبُّ أَرْ...نا الْخَـ...راءَ.

🌸 أُحِبُّ اللَّوْنَ الْأَبْيَـ....

🌸 أُحِبُّ تَناوُلَ الْبَيْـ... الْمَسْلوقِ.

🌸 لا أُحِبُّ الـ...بابَ وَأَخافُ مِنَ الـ...بْعِ.

رامي في مَدينةِ التَّهْجِئَةِ، ذَهَبَ إِلى بِلادِ الْحَرْفِ (ض)، وَاسْتَطاعَ أَنْ يَقْرَأَ وَيَكْتُبَ الْكَثيرَ مِنَ الْكَلِماتِ الَّتي تَحْتَوي حَرْفَ(ض)، لِنُسافِرْ مَعَ رامي، وَنَحُلَّ مَعَهُ التَّمارينَ الْآتِيَةَ:

(١) أَخْتارُ الْمَقْطَعَ الْمُناسِبَ، وَأَضَعُهُ في الْفَراغِ، ثُمَّ أَقْرَأُ الْجُمْلَةَ

| ضي | ضو | ضا | | ضِـ | ضُـ | ضَـ |

📖 أُحِبُّ ....ءَ الشَّمْسِ.

📖 الشّارِعُ يَـ....قُ.

📖 ...ـعَ خاتَمُ أُمّي.

📖 ....ياءُ أَحـ...ـرَ الطَّعامَ.

📖 أَر... جَدّي خَضْراءُ.

(٢) أُرَكِّبُ مَنَ الْمَقاطِعِ كَلِماتٍ، ثُمَّ أَقْرَأُ

حُضْـ + نْ	مِضْـ + رَ + بْ	رَ +كَضْـ + نا
....	....	....

١ أَمْلَأُ الْفَراغَ بِحَرْفِ الدّالِ (د) أَوِ الضّادِ (ض) :

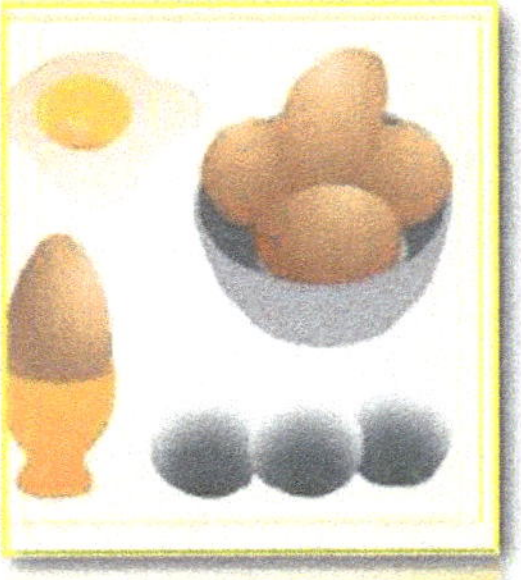

...يْك

مَري...........

بَيْ...ه

...........بُع

...........بّ

٢ أَنْظُرُ إِلى الصُّوَرِ الآتِيَةِ وَأَكْتُبُ جُمْلَةً تُعَبِّرُ عَنْها :

وَلْعَبُ الْحُروف
هَيَّا لِنَلْعَبَ مَعَ صَديقَتِنا (ال)
آه .. ما هذا لا يُمْكِنُ أَنْ أَلْعَبَ مَعَ ٢٨ حَرْفًا!
بَلْ أَنا قَبْلَكُم
أَنا مَنْ سَيَلْعَبُ قَبْلَكُم

يُحْكى أَنَّ الْحُروفَ الْهِجائِيَّةَ تَجَمَّعَتْ كُلُّها لِلَّعِبِ مَعَ (ال)، فَالْحُروفُ تُحِبُّ اللَّعِبَ مَعَها، لِأَنَّ اللَّعِبَ مَعَها مُمْتِعٌ جِدًّا وَفيهِ تَحَدٍّ، خاصَّةً عَنْدَما تَلْتَقي الْحُروفُ في مَلْعَبِ الْكَلِماتِ لِلَّعِبِ مَعًا، وَتَكْوينِ الْكَلِماتِ الْجَميلَةِ، ولكِنَّ (ال) لا تَسْتَطيعُ اللَّعِبَ مع كُلِّ الْحُروفِ فَهيَ كَثيرَةٌ.

شاهَدَ كُلٌّ مِنَ الشَّمْسِ وَالْقَمَرِ (ال) وَهيَ مُحْتارَةٌ.

قالَ الْقَمَرُ وَهُوَ يُحاوِلُ الْاقْتِرابَ مِنْ (ال): ما بِكُمْ؟

الشَّمْسُ: هَلْ نُساعِدُ صَديقَتَنا (ال)، حَتى تَلْعَبَ مَعَ الْحُروفِ؟

وَضَعَ الْقَمَرُ يَدَهُ فَوْقَ رَأْسِهِ، وَفَكَّرَ قَليلاً ثُمَّ قالَ:

سَوْفَ أُحاوِلُ، سَنَقْسِمُ الْحُروفَ الْهِجائِيَّةَ إِلى قِسْمَيْنِ، قِسْمٌ أَلْعَبُ بِهِ مَعَكِ، وَالْقِسْمُ الْآخَرُ تَلْعَبُ بِهِ الشَّمْسُ.

قالَتِ الشَّمْسُ: أُوافِقُ، وَحَتّى يَكونَ لَفْظُ الْحُروفِ صَحيحًا

وَنُشَكِّلُ فَريقًا نُسَمّيهِ فَريقَ
(اللّامِ الشَّمْسِيَّةِ).

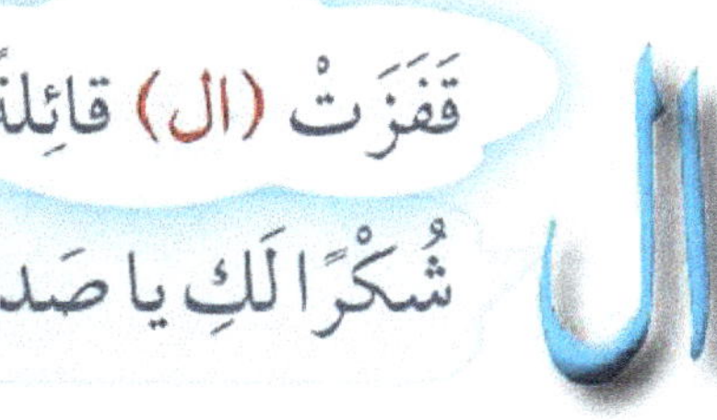

شُكْرًا لَكِ يا صَديقَتي الشَّمْسُ الطَّيِّبَةُ.

رَدَّتِ الشَّمْسُ:

وَسَأُقَدِّمُ لِفَريقِ حُروفِ اللّامِ الشَّمْسِيَّةِ شِعارَ الشَّدَّةِ، وَتُكْتَبُ لِتَضَعَهُ عَلى رَأْسِها عِنْدَما تَأْتي في بِدايَةِ الْكَلِمَةِ بَعْدَ إِضافَةِ حَرْفِ (ال) وَتُصْبِحُ حُروفًا مُضَعَّفَةً. شّ تّ رّ

نَظَرَتِ الشَّمْسُ إِلى حَرْفِ اللَّامِ فَوَجَدَتْهُ مُحْتَارًا: فَقَالَتْ:

ما بِكَ يا صَديقي.

قالَتِ اللَّامُ: ولكِنّي لَنْ أُلْفَظَ! انْظُري فَكَلِمَةُ الشَّمْسِ قَفَزَ الأَلِفُ إِلى حَرْفِ الشّينِ وَكَذلِكَ في كَلِماتِ:

اللَّيْمونِ   الشَّجَرُ   الدَّارِ

ضَحِكَتِ الشَّمْسُ، وَقالَتْ:

نَعَمْ، وَهذا ما يُمَيِّزُ الْحُروفَ الَّتي تَتْبَعُني مِنَ الْحُروفِ الَّتي سَتَتْبَعُ صَديقَنا الْقَمَرَ.

قالَ اللَّامُ:

نَعَمْ، فَهِمْتُ، إِذا لَعِبْتُ مَعَ حُروفِكِ فَإِنَّني أُكْتَبُ وَلا أُلْفَظُ، وَيَكونُ الْحَرْفُ الَّذي يَأْتي بَعْدي حَرْفًا مُشَدَّدًا.

ابْتَسَمَتِ الشَّمْسُ وَقالَتْ:

أَحْسَنْتَ، ثُمَّ نَظَرَتْ إِلى الْقَمَرِ، وَسَأَلَتْهُ: وَأَيُّ الْحُروفِ سَتَخْتارُ يا صَديقي؟

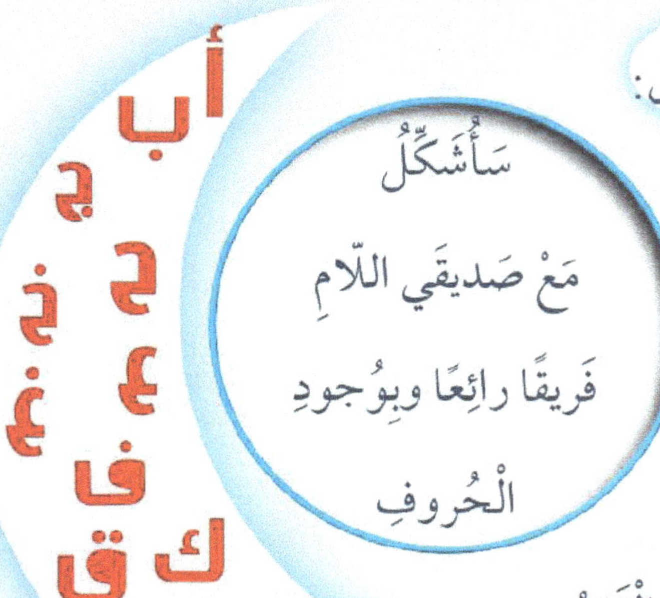

دارَ الْقَمَرُ حَوْلَ نَفْسِهِ فَرَحًا، وَقالَ:

رَدَّ اللَّامُ : شُكْرًا لَكَ أَيُّها الْقَمَرُ

الْتَفَتَ الْقَمَرُ إِلَيْهِ وَقالَ لِلْحَرْفِ لام (ل): تَذَكَّرْ أَنَّ ما يُمَيِّزُ فَرِيقَنا عَنِ الْفَرِيقِ الْآخَرِ أَنَّكَ تُكْتَبُ وَتُلْفَظُ مَعَ كُلِّ حُروفِ فَرِيقِي أَيُّها اللَّامُ الْعَزِيزُ، فَاسمي (الْقَمَرُ) لُفِظَتْ هُنا، أَلَيْسَ كَذلِكَ؟ وَأَخْرَجَ الْقَمَرُ مِنْ جُعْبَتِهِ كُرَةً صَغِيرَةً ، وَقالَ لِحَرْفِ اللَّامِ: سَأُهْديكَ شِعارَ السُّكونِ (ْ) لِتَضَعَهُ تاجًا فَوْقَ رَأْسِكَ كُلَّما لَعِبْتَ مَعْ حُروفي.

مِثْلَ كَلِماتِ:

الْمُعَلِّمِ   الْكِتابِ   الْحِصانِ

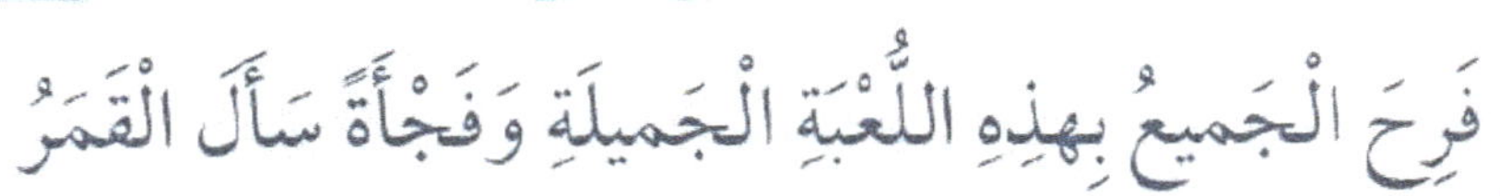

هَلْ تَسْتَطيعُ الْحَرَكاتُ اللَّعِبَ مَعَنا أَيْضًا .

أَجابَتْ (ال):

الْحَرَكاتُ

نَعم تَسْتَطيعُ وِبِكُلِّ سُرورٍ

أَمّا التَّنْوينُ بِأَنْواعِهِ

لا ، فَنَحْنُ (ال) لا نَلْتَقي مَعَ التَّنوينِ في أَيِّ كَلِمةٍ أَثْناءَ اللَّعِبِ وَتَشْكيلِ الْكَلِماتِ ، لِأَنَّ لِقاءَنا يَجْعَلُ لَفْظَ الْكَلِمةِ ثَقيلًا وَغَيْرَ جَميلٍ .

قال الْقَمَرُ :

آه فَهِمْتُ هَيّا لِنَبْدَأَ اللَّعِبَ الْآنَ .

فَرِحَ الْجَميعُ : وَبَدَؤوا اللَّعِبَ بِفَرَحٍ وَسُرورٍ .

١ - بَدَأَ الْأَصْدِقاءُ في اللَّعِبِ ، هَيّا لِنَلْعَبْ مَعَهُم ونَتَأَكّدْ مِن فَهْمِنا لِشروطِ هذه اللُّعْبَةَ، مَن يَسْتَطيعُ إِدخالَ (ال) على الْكَلِماتِ الآتية :

مَدْرَسَةٌ   قَلَمٌ   كِتابٍ   بِنْتٌ   مُعَلِمَةٌ   وَلَدٌ

٢ - الآن : لِنَقْرَأْ مَعًا الْكَلِماتِ الآتِيَةَ، وَنَرْسُمْ شمسًا بِجانِبِ الْكَلِماتِ الّتي لا نَلْفِظُ فيها حَرْفَ (ال) وقمرًا بِجانِبِ الْكَلِماتِ التي نَلْفِظُ فيها حَرْفَ (ال)

الزّرافَةُ

الْحِصانُ

النَّمِرُ

الْأَسَدُ

الْحِصانُ

الْخَروفُ

 أَقْرَأُ الْجُمَلَ الْآتِيَةَ وَأَسْتَخْرِجُ مِنْها كَلِماتٍ فيها لامٌ شَمْسِيَّةٌ ( ) أو لامٌ قَمَرِيَّةٌ ( ) وَأَكْتُبُها في مَكانِها الْمُناسِبِ كَما في المِثالِ:

ال	ال
الْمُعَلِّم	

- يُحِبُّ الْمُعَلِّمُ تَلاميذَهُ.
- الدّارُ واسِعَةٌ.
- ساحَةُ الْمَدْرَسَةِ نَظيفَةٌ.
- لَوْنُ زَهْرَةِ الرُّمّانِ جَميلٌ.
- الْقُدْسُ عاصِمَةُ فِلَسْطينَ.
- الشَّجَرَةُ مُثْمِرَةٌ.

٤ أُضيفُ (ال) التَّعْريفِ إِلى الْكَلِماتِ الَّتي تَحْتَها خَطٌّ.

🌸 أَلْعَبُ في ساحَةٍ كَبيرَةٍ

🌸 هذِهِ وجبةٌ لذيذةٌ

٥ أَقْرَأُ الْكَلِماتِ الْآتِيَةَ وَأَرْسُمُ السُّكونَ أَوِ الشَّدَّةَ ، فَوْقَ الْحَرْفِ الْمُناسِبِ:

أقلام	التفاح	الليمون
ألعاب	الرمان	الجمل
ألوان	الجمعة	البرتقال

الدَّرْسُ الْأَوَّلُ   الْغُرابُ وَالْجَرَّةُ.   حَرْفُ الصّادِ

١ أَقْرَأُ مُسْتَعينا بِالصّورَةِ :

تَناوَلَ جَدّي كِتابَ الْقِصَصِ مِنَ الصُّنْدوقِ

رَوَى لَنا جَدّي قِصَّةَ الْغُرابِ والْجَرَّةِ

هَرَبَ الْغُرابُ مِنَ الْقَفَصِ .

شَعَرَ الْغُرابُ بِالْعَطَشِ الشَّديدِ، لِأَنَّنا في فَصْلِ الصَّيْفِ .

وَجَدَ الْغُرابُ جَرَّةً في قاعِها ماءٌ .

حاوَلَ الْغُرابُ أَنْ يَصِلَ إلى الْماءِ، فَلَمْ يَسْتَطِعْ

وَضَعَ الْغُرابُ الْحِجارَةَ في الْجَرَّةِ .

ارْتَفَعَ الْماءُ، فَشَرِبَ الْغُرابُ .

حَرْفُ الصّادِ صـ ـصـ ـص

أَوَّلًا: التَّذَكُّرُ الصَّوتِيُّ النُّطْقِيُّ:

١ أُصْغِي إِلى الكَلِماتِ الّتي يَلْفِظُها الْمُعَلِّمُ وَأُصَفِّقُ عِنْدَ سَماعِيَ صَوْتَ الْحَرْفِ (ص):

| قِصَصٌ | سَيّارَةٌ | قِصَّةٌ | قَفَصٌ | السَّيْفُ | يَصِلُ |

٢ أَقْرَأُ جُمَلًا جَديدَةً وَأُكافِئُ نَفْسي وَأَرْسُمُ وَجْهًا باسِمًا في الدّائِرَةِ:

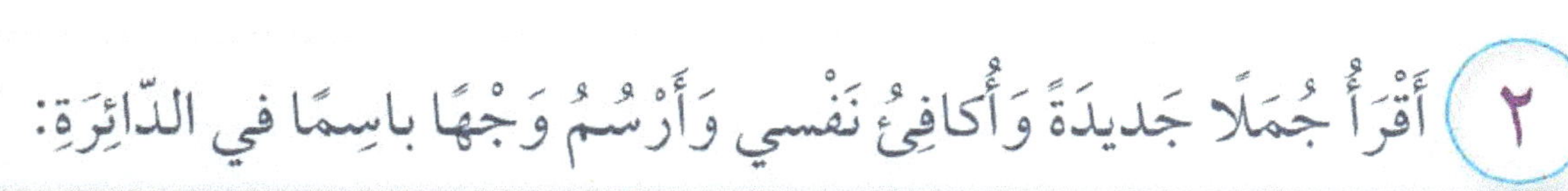

فَصْلُ الصَّيْفِ. صُنْدوقُ الْقِصَصِ. أَعْشابٌ خَضْراءُ.

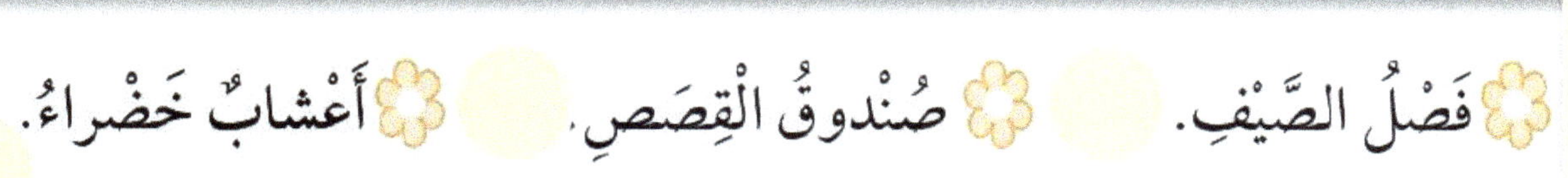

ثانِيًا: التَّذَكُّرُ الْبَصَرِيّ:

١ أَرْسُمُ دائِرَةً حَوْلَ حَرْفِ الصَّادِ:

| ص | ض | ضـ | صـ | ط | ضـ | صـ | ط | ص |

 أَقْرَأُ الْجُمَلَ الآتِيَةَ، ثُمَّ أَضَعُ دَائِرَةً حَوْلَ الْحَرْفِ (ص) بِأَشْكالِهِ الْمُخْتَلِفَةِ:

❁ نَصومُ في شَهْرِ رَمَضانَ.

❁ نَصْنَعُ الْخُبْزَ مِنَ الطَّحينِ .

❁ الصَّديقُ وَقْتَ الضّيقِ.

❁ الصّوصُ لَوْنُهُ أَصْفَرُ.

٣ أَقْرَأُ ثُمَّ أَلَوِّنُ الشَّكْلَ الَّذي يَحْوي كَلِمَةً فيها حَرْفُ (ص) بِاللَّوْنِ الأَخْضَرِ، وَ الشَّكْلَ الَّذي يَحْوي كَلِمَةً فيها حَرْفُ (ض) بِاللَّوْنِ الأَصْفَرِ:

فَضَّة   قِصَّة   صَيْف   ضَيْف   صُفوف   ضُيوف

٤ أَقْرَأُ الْكَلِماتِ الآتِيَةَ وَأَسْتَبْدِلُ حَرْفَ (ص) بِالْحَرْفِ الْمُلَوَّنِ لِأَحْصُلَ عَلى كَلِمَةٍ جَديدَةٍ، كَما في الْمِثالِ:

صائِد	صَبَرَ	صِيام	صوص
س	ع	ن	ت
سائِد	ــــــــ	ــــــــ	ــــــــ

١ أَمْلَأُ الْفَراغَ بِحَرْفِ (ص):

عِنْدَ عَمّي ....ابِرٍ حـ....ان بُنِّيٌّ وَعُـ....فورٌ جَميلٌ.

يُحِبُّ عَمّي الـ....َّيْدَ في فَـ....ْلِ الـ....َّيْفِ.

عَمّي ....َيّادٌ ماهِرٌ.

٢ أَنْظُرُ إِلى الصُّوَرِ الْآتِيَةِ، ثُمَّ أَكْتُبُ شَكْلَ حَرْفَ الصّادِ الْمُناسِبَ (صـ، ص) في الْفَراغِ، بِرَسْمِهِ الصَّحيحِ:

مِقَـ....ٌّ 

عُـ....ـفورٌ 

....َيّادٌ

حِـ....ان 

٣ أَكْتُبُ كَلِمَةً:

تَبْدَأُ بِحَرْفِ الصّادِ	في وَسَطِها حَرْفُ الصّادِ	في آخِرِها حَرْفُ الصّادِ
ــــــــــــ	ــــــــــــ	ــــــــــــ

رامي في مَدينَةِ التَّهْجِئَةِ، ذَهَبَ إِلى بِلادِ الْحَرْفِ (ص)، واسْتَطاعَ أَنْ يَقْرَأَ وَيَكْتُبَ الْكَثيرَ مِنَ الْكَلِماتِ الَّتي تَحْتَوي حَرْفَ (ص)، لِنُسافِرْ مَعْ رامي، وَنَحُلَّ مَعَهُ التَّمارينَ الْآتِيَةَ:

١ أُرَكِّبُ مِنَ الْمَقاطِعِ كَلِماتٍ، ثُمَّ أَقْرَأُ

عُصْـ + فو + رٌ	قَصْـ + لٌ	قَصْـ + رٌ
ـــــــــــــ	ـــــــــــــ	ـــــــــــــ

٢ أَخْتارُ الْمَقْطَعَ الْمُناسِبَ، وَأَضَعُهُ في الْفَراغِ، ثُمَّ أَقْرَأُ الْجُمْلَةَ

صَ   صِ   صُ   صا   صو   صي

📖 في مَدْرَسَتي ....ـفوفٌ كَثيرَةٌ.

📖 أَ.....ـلُ إِلى الْمَدْرَسَةِ باكِرًا.

📖 كانَ جَوابي ....ـحيحًا.

📖 أَنا عِنْدي ....ـصٌ أَصْفَرُ جَميلٌ.

📖 عِنْدَ سامي ....ـصانٌ كَثيرَةٌ.

📖 حِـ...ـنُ رامي سَريعٌ.

الدَّرْسُ الثَّاني   الشَّمْسُ وَالْمَطَرُ   حَرْفُ الْغَيْنِ

١ أَقْرَأُ مُسْتَعِينًا بِالصّورَةِ :

تُبَخِّرُ الشَّمْسُ الْماءَ فَتَتَكَوَّنُ الْغُيُومُ.

تَغْرُبُ الشَّمْسُ مِنْ جِهَةِ الْغَرْبِ.

وَيَنْمُو الْعُشْبُ. تَأْكُلُ الْأَغْنامُ.

تَتَساقَطُ الْأَمْطارُ عَلَى الْمُرْتَفَعاتِ.

وَتُصْبِحُ بِلادُنا خَضْراءَ.

وَتَنْمُو الْأَشْجارُ في الْغاباتِ.

الشَّمْسُ وَالْمَطَرُ

أَوَّلًا: التَّذَكُّرُ الصَّوتيُّ النُّطْقِيُّ:

١ أُصْغي إِلى الكَلِماتِ الّتي يَلْفِظُها الْمُعَلِّمُ وَأُصَفِّقُ عِنْدَ سَماعِيَ صَوْتَ الْحَرْفِ (غ)

الْمَلابِسُ	غُيومٌ	عُشْبٌ	الْغَرْبُ	مَغْرِبٌ

٢ أَقْرأُ جُمَلًا جَديدَةً وَأُكافِئُ نَفْسي وَأَرْسُمُ وَجْهًا باسِمًا في الدّائِرَةِ:

🌸 شاهَدْتُ غُروبَ الشَّمْسِ.   🌸 أُحِبُّ قِصَّةَ الْغُرابِ وَالْجَرَّةِ.

🌸 أَخي الصَّغيرُ عامِرٌ.

ثانِيًا: التَّذَكُّرُ الْبَصَريّ:

١ أَرْسُمُ دائِرَةً حَوْلَ حَرْفِ الْغَيْنِ:

غـ	غَ	خ	غ	غـ

خ	حـ	خـ	عـ	ع

٢ أَقْرَأُ الْجُمَلَ الْآتِيَةَ، ثُمَّ أَضَعُ دَائِرَةً حَوْلَ الْحَرْفِ (غ) بِأَشْكالِهِ الْمُخْتَلِفَةِ:

الْعُصْفورُ صَغيرٌ.	جَلَسَ راغِبٌ وَغالِبٌ تَحْتَ الشَّجَرَةِ.
غَسَلَتْ أُمّي الْمَلابِسَ.	هَبَطَ الْغُرابُ عَلَى الْأَرْضِ.

٣ أَقْرَأُ ثُمَّ أُلَوِّنُ الشَّكْلَ الَّذي يَحْوي كَلِمَةً فيها حَرْفُ (ع) بِاللَّوْنِ الْأَخْضَرِ، وَ الشَّكْلَ الَّذي يَحْوي كَلِمَةً فيها حَرْفُ (غ) بِاللَّوْنِ الْأَصْفَرِ:

عَرَب   غَرْب   غَيْب   عِنَب   غِياب   عِتاب

ثالِثًا: التَّذَكُّرُ الْعَضَليّ :(الْكِتابَةُ):

أَنْظُرُ إِلَى الصُّوَرِ الْآتِيَةِ ،ثُمَّ أَكْتُبُ شَكْلَ حَرْفِ الْغَيْنِ الْمُناسَبَ (غـ ،غ) في الْفَراغِ ، بِرَسْمِهِ الصَّحيحِ :

صَمْـ....   ....رابٌ   رَ...ـيفٌ   ..يومٌ

رامي في مَدينَةِ التَّهْجِئَةِ، ذَهَبَ إِلى بِلادِ الْحَرْفِ (غ)، وَاسْتَطاعَ أَنْ يَقْرَأَ وَيَكْتُبَ الْكَثيرَ مِنَ الْكَلِماتِ الَّتي تَحْتَوي حَرْفَ(غ)، لِنُسافِرْ مَعَ رامي، وَنَحُلَّ مَعَهُ التَّمارينَ الْآتِيَةَ:

١) أُرَكِّبُ مِنَ الْمَقاطِعِ كَلِماتٍ، ثُمَّ أَقْرَأُ

غْ + رُسْ	فُ + رِ + يَغْ	رُ + رو + مَغْ	بُّ + رِ + مَغْ
ـــــــــ	ـــــــــ	ـــــــــ	ـــــــــ

٢) أُرَكِّبُ مِنَ الْمَقاطِعِ الْآتِيَةِ كَلِماتٍ، ثُمَّ أَقْرَأُ :

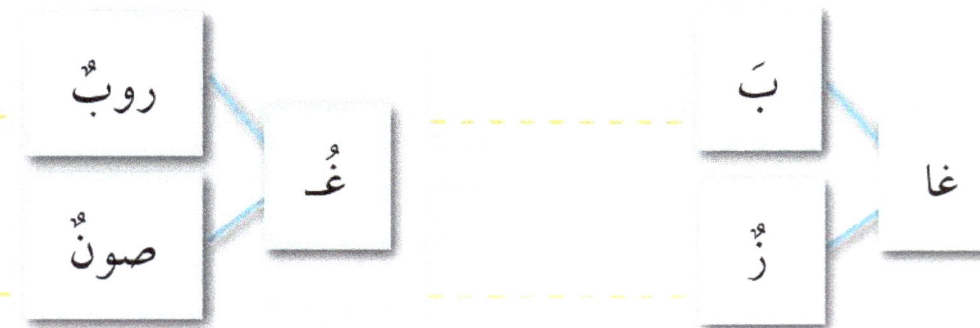

٣ أَخْتارُ الْمَقْطَعَ الْمُناسِبَ، وَأَضَعُهُ في الْفَراغِ، ثُمَّ أَقْرَأُ الْجُمْلَةَ

غَ   📖 ...يومٌ تَمْلَأُ السَّماءَ.

غُ   📖 تَكَرَّرَ ...يابُ صَديقي عَنِ الْمَدْرَسَةِ.

غِ   📖 ما أَجْمَلَ صَوْتَ ...دير الْماءِ.

غا   📖 ذَهَبْنا في رِحْلَةٍ إلى ....بَةِ الأَطْفالِ.

غو   📖 يَـ...رُ الْماءُ في رَمْلِ الصَّحْراءِ.

غي   📖 أَكَلْتُ رَ....فَ خُبْزٍ ساخِنٍ.

خامِسًا : مَهاراتُ الْقِراءَةِ و الْكِتابَةِ :

١ أَقْرَأُ الْكَلِماتِ الآتِيَةَ ثُمَّ أَمْلَأُ الْفَراغَ بِالْكَلِمَةِ الْمُناسِبَةِ في الْجُمَلِ التّالِيَةِ :

مَغارَةً   الْغُيومَ   تَغْرُبُ   غُرابٌ

أَنا أُحِبُّ أَنْ أَرْسُمَ. رَسَمْتُ .... في السَّماءِ.

وَ........على بابِها ....،وَشَمْسٌ ....

الدَّرْسُ الثّالِثُ   النَّظافَةُ مِنَ الإيمانِ

١ أَقْرَأُ مُسْتَعينًا بِالصّورَةِ :

ظ ظ

نَحْنُ نُحافِظُ عَلى نَظافَةِ مَظْهَرِنا .

نَحْنُ نُحافِظُ عَلى نَظافَةِ الْبَيْتِ .

نَحْنُ نُحافِظُ عَلَى نَظافَةِ الشّارِعِ .

نَحْنُ نُحافِظُ عَلى نَظافَةِ الْحَديقَةِ .

نَحْنُ نُساعِدُ عامِلَ النَّظافَةِ .

نَحْنُ نُحافِظُ عَلى نَظافَةِ الْمَدْرَسَةِ .

النَّظافَةُ مِنَ الإيمانِ .

النَّظَافَةُ مِنَ الإِيمانِ

حرف الظاء

ظ ظ

أَوَّلًا: التَّذَكُّرُ الصَّوتِيُّ النُّطقِيُّ:

١ أُصغي إلى الكَلِماتِ الّتي يَلْفِظُها الْمُعَلِّمُ وأُصَفِّقُ عِنْدَ سَماعِيَ صَوْتَ الْحَرْفِ (ظ)

النَّظافة   يَذْهَبُ   مَظْهَرُنا   يَذوبُ   نُحافِظُ

٢ أَقْرَأُ جُمَلًا جَديدَةً وَأُكافِئُ نَفْسي وَأَرْسُمُ وَجْهًا باسِمًا في الدَّائِرَةِ:

❀ أُحِبُّ النَّظافَةَ في كُلِّ شَيْءٍ.   ❀ ظافِرٌ طالِبٌ نَشيطٌ.

❀ نَحْنُ نُحافِظُ عَلى نَظافَةِ مَظْهَرِنا.

ثانِيًا: التَّذَكُّرُ الْبَصَرِيّ:

١ أَقْرَأُ الْجُمَلَ الآتِيَةَ، ثُمَّ أَضَعُ دائِرَةً حَوْلَ الْحَرْفِ (ظ) بِأَشْكالِهِ الْمُخْتَلِفَةِ:

النَّظافَةُ مِنَ الْإِيمانِ.

أَنا وَأُخْتي نُنَظِّفُ الْحَديقَةَ.

رَكِبَ ظافِرٌ عَلى ظَهْرِ الْفَرَسِ.

حرف الظاء

ظ ظ

٢ أَرْسُمُ دائِرَةً حَوْلَ حَرْفِ الضّادِ (ظ):

ظ	ط	ذ	ض	ظ	ص

٣ أَقْرَأُ ثُمَّ أُلَوِّنُ الشَّكْلَ الَّذي يَحْوي كَلِمَةً فيها حَرْفُ (ط) بِاللَّوْنِ الْأَخْضَرِ، وَالشَّكْلَ الَّذي يَحْوي كَلِمَةً فيها حَرْفُ (ظ) بِاللَّوْنِ الْأَصْفَرِ:

طَريفٌ   ظَريفٌ   ظِلالٌ   طَلالٌ

طاهِرٌ   ظاهِرٌ

٤ أَحْذَفُ حَرْفَ (ظ) مِنَ الْكَلِمَةِ، وَأَكْتُبُ الْكَلِمَةَ النّاتِجَةَ في الْفَراغِ

ظُهْرٌ ← ــــــــــ

ظَلامٌ ← ــــــــــ

ظَرْفٌ ← ــــــــــ

ظَريفٌ ← ــــــــــ

مِنظارٌ ← ــــــــــ

رامي في مَدينَةِ التَّهْجِئَةِ، ذَهَبَ إِلى بِلادِ الْحَرْفِ (ظ)، وَاسْتَطاعَ أَنْ يَقْرَأَ وَيَكْتُبَ الْكَثيرَ مِنَ الْكَلِماتِ الَّتي تَحْتَوي حَرْفَ(ظ)، لِنُسافِرْ مَعْ رامي، وَنَحُلَّ مَعَهُ التَّمارينَ الْآتِيَةَ:

أُرَكِّبُ مَنَ الْمَقاطِعِ كَلِماتٍ، ثُمَّ أَقْرَأُ

ظَـ + ري + فٌ	ظا + فِـ + رٌ
ـــــــــــ	ـــــــــــ
أَ + ظا + فِـ + رُ	مَحْـ + ظو + ظٌ
ـــــــــــ	ـــــــــــ

ظا   ظو   ظِ   ظي   ظِ   ظِ   ظُ

.... هِرٌ

مَحْـ....ظٌ

.... ريفٌ

نَـ....فٌ

... فُرٌ

.... لالٌ